결국 사람을 위하여

결국 사람을 위하여

펴낸날 2017년 10월 31일 초판 1쇄 펴냄 | 2017년 10월 31일 초판 1쇄 찍음 | **지은이** 정진주·김향수·박정희·정영훈·진현주 | **펴낸이** 이향원 | **책임편집** 조성일 | **펴낸곳** 소이연 | **전 화** 070)7571-5328 | **주 소** 경기도 고양시 덕양구 대장동 329-2 | **등 록** 제311-2008-000019호

ISBN 978-89-98913-09-0 03300

값 15,000원

이 도서의 국립중앙도서관 출판예정도서목록(CIP)은 서지정보유통지원시스템 홈페이지(http://seoji.nl.go.kr)와 국가자료공동목록시스템(http://www.nl.go.kr/kolisnet)에서 이용하실 수 있습니다.(CIP제어번호: CIP2017027842)

* 잘못된 책은 바꿔드립니다.

역 사 와 전 기 의 교 차 점 찾 기

결국 사람을 위하여

건강한 일터를 만드는
활동가들의 생애사

사회건강연구소 기획
정진주 외 지음

소이연

머리글

국내총생산 세계 11위, 1인당 국민소득 2만7천 달러. 한국의 위상을 나타내는 숫자이다. 하지만 금수저·흙수저로 대변되는 사회계급의 고착화에 따른 사회적 불평등은 더 심해지고 있다. 실업률, 고용율, 사회지출, 소득불평등을 종합해 추산한 사회적 배제 정도는 경제협력개발기구(OECD) 34개 회원국 중 관련 자료를 발표하는 21개국과 비교(2010년 기준)했을 때 가장 높았다(김태완, 2016). 혹자는 정책의 실패로 인한 어려운 사회현실을 조정하여 복원하는데 7~8년 정도의 시간만 남았다는 주장(장덕진, 2016)을 하고 있을 정도이니, 한국 사회는 참으로 어려운 시간을 통과하고 있다.

현재 우리가 당면한 가장 중요한 문제 중 하나는 일자리가 없어서 고통 받는 사람과 일자리는 있으나 일터에서 존중과 보람을 느끼지 못한 채 노동을 지속할 수밖에 없는 사람들이 많다는 것이다. 갖고 있는 일자리가 언제 사라질지 몰라 그 자리를 지키느라 노심초사하거나, 장시간 노동에 매일 피로가 쌓이고, 사랑하는 가족·이웃과 함께 하는 시간, 무언가 의미 있는 일을 시도해볼 수 있는 여유를 노동자들은 갖기 힘들다. 대

다수 노동자는 고용 불안정, 생활비에도 못 미치는 임금, 최소한의 안전 장치와 인권이 보장되지 못한 일터를 지키느라 힘든 생활을 하고 있다.

이런 상황에서 자주 잊혀지는 사실 중 하나는 일하다가 죽거나 아픈 사람들의 이야기이다. 한국 사회에서 한 해에 일하다 사고로 숨진 노동자수가 1,777명(2016년)으로, 매일 5명이 죽고 있다. 이는 교통사고 사망자 수 253명(2014년)보다 7배가 많고, 이라크 전쟁에서 10년 동안 사망한 미군의 한 해 평균 450명보다도 훨씬 많다. 일하다 죽지는 않더라도 통계에 잡힌 재해자 수(4일 이상 요양을 필요로 하는 사람)는 한 해 무려 9만656명이나 된다. 그나마 이 숫자는 산재보험을 알지 못해 신청하지 못했거나, 신청했다 하더라도 업무상 인과관계를 밝히지 못해 보상을 받지 못했거나, 산재 승인이 되지 않은 사람들이 포함되지 않은 것이다. 훨씬 더 많은 사람들이 아프지만 참으며 일을 하거나 병들어 노동시장 밖으로 밀려 나가는 상황일 것이다. OECD 국가 중 최고의 산재 사망률을 보여주고, 부상 및 질병 경험자를 포함하면 일하다 죽거나, 아프거나, 제대로 보상을 받지 못하면서 살아가고 있는 노동자가 많은 것이 21세기 한국의 초라한 모습이다.

그런데 이러한 사실이 나와는 상관없는 어떤 노동자의 이야기일까? 이러한 사회가 과연 지속가능한 사회일까? 왜 우리는 원치 않는 노동과 건강하지 못한 삶을 살아야만 하는 걸까? 누가 우리를 이러한 삶을 살도록 몰아간 걸까? 아니면 우리가 침묵하고 또 타협하고 있어서 계속 이런 현상이 지속되는 걸까? 많은 질문들이 스쳐 지나간다. 하지만 한 가지 분명한 사실은 사람들은 모두가 건강하고 행복한 일터와 사회를 바라고 있다는 것이다.

현재 우리 사회에는 일하는 사람이 참여하여 건강한 일터를 만들 수 있고, 건강을 보장해주는 법과 제도가 있다. 과거보다 발전해 왔다. 하지만 아직 여러 한계가 있고, 무엇보다 존재하는 법과 제도가 제대로 적용되지 않고 있는 것이 현실이다. 노동환경도 급속하게 변화되어 전통적인 산업뿐 아니라 서비스업의 발전, 고용형태의 다양화 및 원-하청의 문제에 따른 노동안전건강의 책임성 여부, 폭력·감정노동·직장 내 괴롭힘 등 새로운 이슈의 출현과 대응 등 우리 사회가 신속하게 해결해야 할 일들이 많다. 그러나 '성장'과 '이윤' 중심의 가치는 '건강'과 '안전'이라는 가치 위에 군림하고 있어 건강한 일터에서 노동자들이 행복하게 일하는 일상을 꾸려가기가 쉽지 않다.

이처럼 노동자 건강 보장을 위한 시스템이 매우 취약한 상황에서 노동자 건강의 중요성을 느끼고 여러 영역에서 활동해 온 많은 분들이 있다. 그 중에서도 노동자와 함께 건강한 일터를 만들기 위해 오랜 동안 애써 온 활동가들의 삶과 활동에 주목했다. 이 분들 덕택에 때론 묻힐 뻔했던 사건들이 세상으로 나왔고, 지난한 토론과 투쟁을 통해 정책에 반영되었으며, 저항의 물결을 타기도 했고, 범사회적인 공감대를 이루어내고, 미래의 방향을 제시해 주기도 했다. 물론 그 과정에서 좌절, 분노, 실망, 억울함도 있었지만 이들의 노력과 세월이 없었다면 우리의 노동자 건강 수준은 여기까지 오기 힘들었을 것이다.

이런 점을 감안하여 나는 노동안전건강 분야의 활동가의 삶을 통해 이 분들이 노동자 건강이라는 이슈를 삶의 영역으로 끌어들이게 된 계기는 무엇인지, 어떤 이슈들이 언제 어떻게 제기되었고, 과거부터 현재까지 어떻게 활동을 하였으며, 자신의 활동을 어떻게 생각하는지, 개인적인 고민, 보람, 열정, 한계는 무엇이었고, 고비마다 겪은 어려움은 어떻게 헤쳐 나갔는지 등을 정리해보고 싶었다. 즉 안전보건 분야 활동가의 생애사를 수집하여 개인과 사회의 역사를 동시에 쓰고 싶었다.

생애사 연구 방법은 개인화의 표현인 동시에 사회구조적인 사회화를 드러내는 방법이자, 개인과 사회의 상호구성물이므로 적절하다고 판단되었다. '객관적인' 양적 방법론과, 사회의 부분을 연구하며 '개인'에 치중하는 질적 방법론이라는 이분법적 사고가 아닌 개인의 구체적인 생애사를 통해 사회구조를 재구성하는 하나의 방법론으로서 생애사를 채택했다. 라이트 밀스(C. Wright Mills)가 『사회학적 상상력』에서 말한 '역사(history)'와 '전기(biography)'의 교차점을 드러내고 싶었다.

이 책은 노동건강의 역사에 대한 관심이 증대되고 있는 시점에서, 이러한 역사를 정리한 기록이 많지 않은 현실에서 출발했다. 안전보건의 역사를 정리하는 것은 매우 중요한 일이나 방대한 작업일 것이므로, 그 첫 출발을 노동안전건강 분야의 활동가의 삶을 통한 역사를 먼저 정리해보기로 한 것이다. 무엇보다도 특별한 보상 없이 활동가로 살아온 그 분들의 삶에 대한 존중이자 지지를 보내는 한 방법으로 기획되었다. 활동가들은 어떤 생각을 하며 오늘에 이르렀는지가 궁금했다. 한 인간으로서의 고뇌도 알고 싶었다. 생애사를 통해 과거와 현재를 살펴봄으로서 어떤 문제가 어떤 사회적 맥락에서 발생했고, 노동자들의 대응이 어떠했고 왜 그랬는지, 남은 과제는 무엇인지를 질문했다. 특히 과거 시대를 경험하지 못한 후세대들에게 그 역사를 전달하여 공감하고 함께 하였으면 하는 바람이 컸다.

많은 활동가가 있지만 이 책을 위해 20여 년간 안전보건 분야 활동가로 살아 왔고, 각자가 다른 조직에 속한 4인의 활동가를 선정하였다. 원진노동환경연구소 김신범 화학물질센터장, 민주노총 금속노조 박세민 안전보건실장, 지역 단체의 여성활동가인 마산창원산재추방운동연합 이은주 상임집행위원, 한국노동안전보건연구소 이훈구 상임활동가가 그들이다.

대상자 선정 기준은 처음부터 제한을 두지 않았다. 그러나 안전보건 영역에서 활동이 먼저 이루어졌던 금속 영역을 주 무대로 삼았던 분들을 우선 면접해보기로 했다. 특히 전국과 지방 중심 활동, 여성과 남성 활동가, 활동가가 일하는 주요 조직 등을 기준으로 활동가를 선정하였다. 자료 수집을 위해 면접 요청을 했으나 참여를 하지 않은 분도 계셨고, "왜 우리 조직 사람이 빠졌느냐"고 질문하신 분들도 계셨지만, 4인의 생애만을 기록할 수밖에 없었고, 다른 분들의 생애 기록은 향후에 지속될 수 있기를 희망한다.

생애사 기록에 누가 참여하면 좋을지 고민했다. 이 분야에 대해 잘 알고 있는 사람도 있을 수 있고, 글을 전문적으로 잘 쓰는 사람도 생각해봤다. 하지만 젊은 세대가 기록에 참여하여 역사도 배우고 의미도 전달하면 좋겠다고 생각하여 연륜 있는 석·박사과정 대학원생을 섭외하여 참여시켰다.

생애사를 수집하기에 앞서, 생애사라는 연구방법에 대한 세미나를 실시하였고, 생애사 방법을 사용하여 다양한 유형의 집단을 분석한 논문과 책을 읽으며 생애사의 수집·분석·글의 구성에 대해 공부하였다. 이후 연구자들은 각자 한 사람씩 맡아 그 사람에 대해 연구하고 면접을 실시하였다. 그 과정에서 많은 이야기를 듣고 기록하였다. 1인당 3~6번의 면접이 있었는데, 매우 바쁜 활동가의 시간을 쪼개어 면접하는 것은 쉬운 일이 아니었다. 초벌 면접 녹취록을 함께 읽고 해당 활동가의 캐릭터와 주요 활동을 이해하기 위해 노력하였다. 부족한 내용을 보완하기 위해 이야기의 보충이 필요한 활동가는 내가 마지막으로 면접하기도 하였다. 기록된 내용은 다시 원고로 축약하여 작성되었고, 작성된 내용은 윤리적 사항을 위해 활동가의 검토를 받았다.

말을 통해 나오는 이야기도 중요하지만 사진과 그림도 훌륭한 언어이므로 함께 수록하였다. 원래는 방대한 양의 사진을 수록하여 사진으로 역사를 보여주려는 시도도 있었지만 지면이 허락하지 않아 포기하고 몇 장의 사진만 수록하였다. 한 활동가가 직접 그린 캘리그라피도 볼 수 있어 소소한 즐거움도 느낄 수 있을 것이다.

자신의 인생에 대해 충분한 의미를 부여하고자 노력했던 어떤 활동가의 진술은 글쓰기가 수월했다. 운동권의 용어가 그대로 여과 없이 마구 쏟아져 나올 때는 녹취록을 이해하기 어려워 쉬운 말로 바꾸는데 많은 시간을 할애하기도 했다. 힘들고 어려웠던 시절의 이야기, 다른 단체나 활동가와 갈등 상황이 펼쳐질 때는 더 경청하고자 했다. 따뜻했던 또 서글펐던 시간, 오랜 동안 힘들게 일하다 보니 몸과 마음이 아팠던 시간도 담았다.

사회과학자로서 안전보건영역에서 지난 20년간 연구와 활동을 해 온 나는 이 분들과 여러 시간 속에서 만났고, 함께 연구도 하였다. 2005년 이전에는 활동가들이 한 자리에서 함께 하는 자리가 많았는데, 그 이후로 그런 기회가 많이 줄어든 것 같다. 면접 내용을 살펴보니 생애사 기록에 참여한 활동가들조차도 서로를 잘 모르는 부분이 많을 것이라는 생각이 들었다. 서로가 서로를 '자신과 다르다'고 종종 표현하곤 했는데, 공유하고 있는 것도 많았다. 대체로 학생운동과 노동운동을 하다 '어쩌다' '우연히' '자연스럽게' 안전보건운동에 참여하게 되었고, 고민도 많았지만 그 자리에 있어야 하는 이유가 있었고, 노동자가 주체가 되어 노동건강 문제를 해결해야 한다고 생각하며, 노동조합을 넘어 최근에는 지역과 마을에 관심을 갖는 점 등에서 공통적인 생각을 하고 있었다. 물론 구체적으로 활동을 펼친 방식에 대해서는 다른 부분이 많았다. 4인의 활동가는 동일한 활동을 함께 한 적이 많아 그 활동을 각 활동가가 어떻게 생각하고 있는지도 이 책을 보는 묘미 중의 하나일 것이다.

이 책이 나오기까지 많은 분이 도움을 주었다. 무엇보다도 부족한 시간을 쪼개서 기꺼이 면접에 응해 주셨던 활동가들에게 진심으로 감사드린다. 생애사 수집을 위한 비용을 지원해 준 '아름다운재단'과 '사회건강연구소' 회원들께 감사의 말씀을 올린다. 책 기획과 출간에 대해 이야기하고 다닐 때 격려와 지지를 해 주었던 주변의 연구자와 활동가에게도 고마움을 전한다.

책 출간과 함께 많은 분들이 모여 우리의 과거 · 현재 · 미래를 허심탄회하게 나누었으면 한다. 활동가들이 책도 낭독하고 서로에게 지지대가 되어 주는 시간도 갖고 싶다. 그런 날을 기대해본다.

2017년 가을

정진주 씀

차례

김신범

박세민

이은주

이훈구

김 신 범

원진노동환경건강연구소 부소장

김신범은 노동자 건강 분야의 활동가이자 연구자이다. 1999년 원진녹색병원 부설 노동환경건강연구소 설립에 참여하였고, 현재까지 이 연구소에서 18년째 일하고 있다. 1970년 서울에서 가난한 목사의 아들로 태어나 서울대학교 수의과대학을 졸업하고 보건대학원에서 산업보건학을 전공했다. 직업병이나 산업재해를 단순히 일하다 입는 부상 정도로 밖에 생각하지 못하던 시절, 노동자들이 겪는 근골격계질환이 직업병이라는 사실을 밝혀낸 것도 그가 몸담은 연구소였다. 그러면서 그는 노동자의 건강이 노동환경, 생산과정을 포괄하는 구조의 문제임을 대중들에게 알리기 시작했다. 조직된 제조업 노동자들의 문제로 시작하여 미조직 서비스 노동자들에게로 점차 관심을 넓혀 가면서 그는 '서비스 노동자에게 의자를,' '청소 노동자에게 씻을 권리를,' '30분 피자 배달제 철폐' 같은 이슈를 제기해 노동자 건강과 인권을 연계하는 활동을 했다. 이러한 활동은 미디어를 통해 보도되면서 많은 시민의 공감을 불러 일으켰다. 또한 그가 최근 중점을 두고 있는 발암물질 감시운동은 노동운동뿐 아니라 환경·소비·협동조합 등 다양한 분야를 연결하는 다리 역할을 하고 있다. 김신범은 전문지식과 통찰력을 바탕으로 노동자의 건강과 노동환경의 안전문제에 대해 새로운 어젠다를 제기하고, 이를 정책과 법에 반영하도록 추동하는데 두드러진 역할을 했다. 그가 정책 제안, 교육, 워크숍, 강연, 토론회, 시위, 실태조사 등 다양한 수단을 통해 제기한 문제들은 그대로 노동자 건강운동사의 새로운 길이 되었다. "버리고 떠날 수 없는 사람들"의 곁을 지키며 살아온 덕에 조금씩 더 괜찮은 인간이 된 것 같다고 자평하는 그는 오늘도 노동자의 곁에 서서 현장의 소리를 듣고 있다.

육성회비도 못 내는 목사 아들

김신범은 1970년 서울에서 목사의 아들로 태어났다. 아버지는 정치적으로는 굉장히 보수적이었고, 그리고 가난했다. 목사의 아들이기는 했지만, 종교는 그에게 크게 영향을 미치지 않았다. 다만 교회 신도들의 삶을 통해서 인간과 세상에 대해 조금 구체적으로 들여다볼 기회를 많이 얻었다고 생각한다.

교회와 살림집이 붙어 있었기에, 그의 생활은 교회 활동과 분리되지 않을 정도로 밀접했다. 여름이면 좁은 집보다는 예배당에서 자는 날이 많았다. 자연스레 드나드는 동네 주민들과 가까이 지내며 그들을 더 이해하게 되는 계기가 되었다.

"인천에서 교회를 하실 때였죠. 교회에서 자다 보면 아주머니들이 밤새워 기도하는 소리를 들을 때가 많아요. 주로 남편에게 맞고서 울며 기도하는데, 내가 중학생 정도 됐을 때인데, 어린 마음에 들어봐도, 이건 하나님께 기도할 일이 아니라 집에 가서 남편을 잡아야 할 일인데, 하는 생각이 들 때가 많았어요. 문제를 그런 식으로 해결하려고 하는 것이 이해가 안 간 거죠. 또 우리 집도 가난해서 학교에서 정말 많이 맞았어요. 육성회비 안 낸다고. 예전에는 그런 일들이 종종 있었거든요. 하루는 아버지에게 이야기 했지요. 정말 학교에서 맞는 게 싫으니, 한 번이라도 육성회비를 제때 주었으면 좋겠다고. 단단히 약속을 하고 아버지가 돈을 구해 오셨는데, 또 돈을 안 주시는 겁니다. 왜냐고 물으니까, 돈을 구해 오는데, 저 멀리 간판 집에 오래 전부터 걸려있던 작은 교회 간판이 보이더라는 겁니다. 그래서 그 간판 사서 그 교회에 주고 오느라고 육성회비를 썼다는 겁니다. 뭐, 아버지는 나름대로 재미나게 사신 거지요. 어머니와 자식들은 고생했지만. 아버지가 목사라서 종교적인 영향을 받거나 한 것은 별로 없고요. 그냥 이런저런 기억들이 남았네요."

죽은 아버지 대신 채용된 친구

자신도 가난했지만, 더 가난한 사람들을 가까이에서 보고 자란 경험은 그의 생애를 결정하는 중요한 방향키가 되었다. 중학교 2학년 때 겪은 친구 아버지의 죽음은 특히 슬픈 기억이 되어 또렷하게 남았다.

"가난한 사람들은 일을 정말 많이 하는데도 불구하고 가난하다는 것을 느꼈어요. 그러던 중 중학교 2학년 때 친구 아버지가 돌아가셨어요. 동네가 인천이었는데, 친구 아버지는 인천역에서 화물 나르는 일을 하셨지요. 거기서 사고로 돌아가셨는데, 말하자면 산업재해였어요. 그때 가족하고 합의를 했는데, 가족 중의 한 명을 대신 채용하는 것으로 합의를 봤어요. 그 가정도 먹고 살아야 하니까 어쩔 수 없었지요. 그런데 그 집안의 장남이 누구였냐 하면 제 친구였어요. 이제 중학생인. 학교 그만두고 아버지 대신 화물 일을 하러 떠날 수밖에 없었지요. 남은 친구들이 무얼 할 수 있겠어요? 모금? 모금하긴 했지만 그게 얼마나 도움이 됐겠어요. 그때 일이 정말 슬픈 일로 기억에 남아요."

모범생이라는 틀에서 벗어난 적은 없었고, 열심히 공부해서 성적도

나쁘지 않았다. 온갖 고생을 하며 자식을 키운 어머니를 실망시키고 싶지 않은 것이 가장 큰 이유였다. 특별히 하고 싶은 일은 없었지만 문예반 활동은 제법 열심히 했다. 학교 공식 문예반 외에도 뜻 맞는 친구들과 함께 타교 학생들과 연합하여 시화전을 열기도 했다.

그러다가 대학입시가 다가왔다. 전공이나 직업에 대해 뚜렷한 생각은 없었고, 쓸모 있는 사람이 되고 싶다는 정도의 생각만 가지고 있을 때였다. 결국 성적에 맞춰 선생님이 추천해주는 곳으로 지원했다. 서울대학교 수의과대학. 수의사가 되겠다고 생각해본 적은 없지만, 동물을 좋아하니까 나쁜 선택도 아니라고 생각했다. 다만 한 선생님의 반응이 오랫동안 기억에 남았다.

"그때까지 뭘 하고 싶은지 생각해 본 적이 없었어요. 원서를 썼다니까 국사 선생님이 몇 번을 되풀이해서 물으셨어요. '정말 거기 썼어?' 하고. 저는 그 표정을 잊을 수가 없어요. 아무 말도 안하셨지만, '네가 다른 일을 좋아할 것 같고, 다른 선택을 할 줄 알았는데' 하는 표정이셨지요. 그 분은 정말 훌륭한 선생님이셨기 때문에 저는 그 표정을 보는 순간, 무언가 이렇게 살아서는 안 되는 것이구나 하는 걸 느꼈어요."

회색분자와 학생운동 사이에서

선생님의 표정이 깊게 가슴에 남아있긴 했지만, 입시는 점수에 맞춰서, 주변에서 권하는 대로 그렇게 흘러갔고, 그는 1989년 서울대 수의과대학에 입학했다. 그런데 대학에 들어오자마자 그가 했던 결심은, 좋은 수의사가 되겠다는 것도, 공부를 열심히 하겠다는 것도, 마음껏 낭만을 즐기겠다는 것도 아니었다. 그는 데모를 하지 않겠다는 결심부터 했다. 대학 신입생의 결심 치고는 엉뚱하기 그지없는 것이었으나, 그가 지나온 시간을 생각하면 충분히 이해할 수 있는 일이었다.

그는 아버지가 돌아가신 위험한 작업현장으로 학교도 그만두고 들어가야 했던 친구의 선택을 보았다. 힘없고 가난한 여인들이 눈물로 울부짖는 기도소리를 들었다. 학교에 낼 돈이 없다고 수시로 맞아야 했다. 그리고 무엇보다도, 자욱한 최루탄 연기 속에서도 독재타도와 호헌철폐를 외치던 학생과 시민들의 행렬을 목격했다. 1987년 6월 항쟁의 그 도도한 흐름을 경험한 것이 고등학생 때였다. 그러니 대학에 입학해서 부딪친 첫 번째 '실존적 고민'이 데모에 참여하느냐 여부였음이 충분히 이해가 된다. 그에게 데모란 시대적 요청이면서 동시에 자신의 미래는 물론 가족의 미래와도 연결된, 엄중한 그 무엇이었던 것이다.

그는 데모하는 순간 인생이 '끝장'이라고 생각했고, 가난한 살림을 꾸리느라 온갖 고생하는 어머니를 더 이상 모른 척할 수 없다고 생각했다. 그렇기에 학생운동을 하고, 사회 변혁에 관심을 갖되, 데모는 '자신이 해서는 안 되는 일'로 정했다. 그리고 늘 '회색분자'를 자처했다. 물론 그 결정은 오래가지 못하였다. 1학년 마칠 때쯤 그냥 마음이 시키는 대로 하자고 결심했다. 갈등 속에서 계속 괴로워하다, 이 괴로움을 '끝장 낼' 최선의 길은 자신의 마음이 시키는 대로 하는 것이라는 결론을 내렸다.

"더 이상은 못 참겠다, 마음이 가는대로 살아야겠다고 결심하고는 펑펑 울었던 기억이 납니다. 어머니에게 미안해서. 말하자면 돈이 안 되는 길을 택하겠다고 결심한 것이니까요. 그러고 나서 학교공부는 포기했죠. 학점은 엉망이었고. 0점대 학점도 세 번이나 받았어요. 0.7, 0.5 이런 식으로. 물론 학교 공부 중에 흥미 있었던 것도 있었지요. 예를 들면, 동물의 행동 연구 같은 것. 사람은 아프면 말을 하잖아요. 사람 의사는 물어보면 되고. 그런데 동물은 말을 못하니까 낑낑대거나 다른 행동을 하잖아요. 그 동물의 행동이 의미하는 것이 무엇인지를 연구하는 거죠. 동물행태학(animal behaviology). 그 학문에 흥미를 느껴서 공부하기도 했는데, 지금도 그걸 계속 했더라면 재미있었을 거라는 생각을 할 때가 있어요."

펑펑 울고 나서 본격적으로 학생운동에 뛰어들었고, 많은 공부를 했다. 학교를 졸업할 생각은 없었고 세상을 변화시키기 위해서는 당연히 노동자가 되어야 한다고 생각했다. 먼저 공장에 취업한 선배를 만나 함께 세미나를 하면서 노동자가 되기 위한 준비를 했다. 그러나 얼마 후, 또 다른 갈등이 생겨났다.

"광우병 사건 때 큰 역할을 한 수의사가 한 분 있어요. 박상표 선생이라고. 얼마 전에 생을 마치셨는데. 그 분은 87학번 내가 89학번인데 나와 달리 아주 꼼꼼하고 치밀하신 분이지요. 그때는 별로 친한 사이는 아니었는데, (공장에서 노동자가 되는 준비를) '더 하고 싶으면 해라, 나는 더 이상 하지 않겠다.'고 분명하게 이야기 하더라고요. 그 말을 듣는데 왜 다행이라는 말이 튀어나오던지."

세상을 바꾸고 싶었지만, 그리고 그 일에 자신의 이익을 돌아보지 않고 헌신하고 싶었지만, 그래도 노동자로 살아가는 길을 택하는 것이 쉽지는 않았던 것이다. 해야 하는데 할 수는 없을 것 같은 마음이 갈등하고 있었기에 "공장 취업을 안 해도 되는구나.", "안 하겠다는 말을 대놓고 하는 선배도 있구나." 하는 생각에 다행이라는 말이 나왔던 것이다. 다시 갈등이 시작되었다.

그 후로도 오랫동안 방황하면서, 학교 공부를 하는 것도 아니고 그렇다고 학생운동을 하는 것도 아닌 생활을 했다. '술만 마신' 시간이었다. 그렇게 시간을 보내던 어느 날, 서울대 보건대학원에 다니던 선배가 직업병 연구를 권했다. "노동자처럼 살고 싶었다면, 네가 잘하는 공부를 통해 그렇게 하면 된다." 이 말이 그의 갈등과 방황에 마침표를 찍어 주었다. 그는 자신이 잘하는 것을 통해 세상에 쓸모 있는 사람이 되자, 할 줄 아는 게 공부 밖에 없으니 공부를 통해서 하면 된다는 쪽으로 생각하기 시작했고, 마침 원진레이온 노동자들의 피해 사례 발표회가 있다는 이야기를 듣고 거기에 참석한다.

산재 당한 사람들과 첫 만남

"원진 노동자들의 이야기를 듣는데, 정말 공감이 되는 겁니다. 그런데 제 뒤에서 허름한 차림새의 사람들이 간간이 '하, 나쁜 자식들' 어쩌구 하면서 반응을 보이는데, 무언가 느낌이 좋았어요. 괜찮은 사람들 같았어요. 쉬는 시간에 따라 나가서 물으니 산업재해를 당한 사람들 모임이라고, 지금도 있는데, '산업재해노동자협의회'에서 왔다고 하더라고요.

그 분들에게, 토론회 끝나고 따라가겠다고 그랬어요. 어떻게 사시는지 한 번 보고 싶어서요. 대개 팔, 손목이 없거나 이런 분들인데, 우유배달 같은 걸로 생계를 유지하면서 주변 병원들을 돌아다니며 자신들처럼 산업재해를 당한 사람들을 찾고 있었어요. 산재가 무언지 모르는 사람들을 찾아내서 보상을 받을 수 있게 하는 그런 운동을 하는 사람들이었던 거예요. 아, 내가 공부를 한다면 이런 사람들에게 쓸모 있는 사람이 될 수 있겠다, 그 생각을 한 거죠."

김신범은 그들에게 자신이 하려는 공부에 대해 설명하고 그것이 실제로 도움이 되겠는지를 물었다. 그들은 정말 좋은 일이고 꼭 필요한 일이라고 대답했다. 그가 자신의 진로를 다시 한 번 확인하게 된 순간이었다.

산업재해, 직업병 분야로 자신의 진로를 결정하고 나자 학점이 문제가 되었다. 공부를 계속하려면 졸업을 해야 했다. D와 F가 깔려있는 성적으로는 불가능했다. 평점이 2.0이 넘어야 졸업이 가능했다. 이를 악물고 독하게 공부했다. 계절학기 수업까지 다 들으면서 정말 열심히 공부했고, 2.08이라는 자랑스러운(?) 학점을 받고 무사히 졸업하였고, 대학원 진학도 하게 되었다. 대학원에 입학한 후, 그의 마음은 여러 계기를 통해 성숙하게 된다. 그 하나는 공익근무를 하면서 만나게 된 사람들, 그리고 다른 하나는 방송통신대 조교 경험이었다.

"훌륭한 공익근무 요원 되시게!"

대학원에 입학하고 나서 입대했고, 공익요원으로 근무하게 되었다.

입대를 며칠 앞두고 평소에 존경하던 교수님을 찾아갔다. 독성학 교수였기에 산업보건학 공부에 도움을 받으리라 생각하고 군 입대 기간 중 무슨 공부를 해두면 좋겠는지 묻기 위해서였다.

"그 분이 하시는 말씀이 '먼저 훌륭한 공익근무요원이 되시게' 그러시더라고요. 제 마음이 떠 있는 걸 알고 있는 거죠. 군에 갔으면 거기 생활 잘하는 게, 그리고 거기도 사람들 사는 덴데 거기서 충분히 느끼고 잘 해내는 게 중요하지 않겠니?라는 말이었고, 빨리 알아들었어요. 그래서 관련된 공부는 모두 버리고 사마천의 『사기』 이런 책만 싸가지고 갔죠. 이제부터 나는 갱생의 길을 간다, 생각하고. 방위가 없어지고 공익근무제가 생긴 첫 해 4월에 갔으니까, 내가 공익근무 4기에요. 내 앞의 기수 애들은 거의 감방에 갔다 온 애들, 그것도 잡범들이었죠. 원래는 군 면제였다가 법이 바뀌면서 다시 군대로 끌려온 애들입니다."

공익근무 시절 그는 많이 맞았다. 아무 이유가 없었지만, 동시에 모든 것이 이유가 되었다. 이를테면 공부를 많이 했다는 것도 이유가 되었다. 그러나 그는 "괜찮았다." 어렸을 때 살았던 동네의 친구들도 다 비슷한 애들이었으니까 어떤 점에서는 익숙했다.

"같이 근무하던 애들 중, 벌써 애를 낳은 애가 있지를 않나, 애 분유값을 마련하기 위해 낮에는 공익근무요원 하고 밤에는 카바레 이런 데서 서빙하는 일을 하질 않나, 그러니까 몸이 고단해서 출근을 못하는 거예요. 출근 안하면 현역으로 가야 되거든요. 그런 애들 잡으러 가서 출근

시키는 일, 저한테 주로 그런 일이 주어지기 시작하더라고요. 그러니까 뭐, 그냥 그런 일을 하면서, 아이들과 진짜 시간을 잘 보냈던 것 같아요. 그리고 그때 제 마음이 아주 많이 풀어진 것 같아요. 딱딱했던 마음이 부드럽게."

공익 근무 시절에 만난 젊은이들은 어린 시절부터 익숙하게 보아온 부류의 사람들이었다. 그들은 인천역 화물노동자가 된 중학교 동창과 다를 바 없었고, 하루 종일 바깥일과 집안일에 시달리다가 남편에게 두들겨 맞기까지 해야 하는 이웃 아줌마들과도 다를 바 없었다.

친구와도 같았던 그들과 어울리며 지내던 시간은 그의 마음을 부드럽게 만들었다. 학생운동을 하며 이론과 세미나와 과제 등에 둘러싸여 살던 그에게, 몸속 깊이 박혀있던, 어린 시절에 만난 '사람들'에 대한 기억을 일깨워주었고, 그가 하려는 일은 결국 '사람'을 위한 것이라는 사실을 알게 했다. 그는 무사히 제대를 하고, 대학원에 복학했다.

보통사람들이 궁금해 하는 것

그가 제대하고 나서 대학원 학비를 벌기 위해 한 일이 방송통신대(이하 방통대) 조교 일이었다. 방통대가 보건대학원 바로 옆에 있었기에 가능한 일이었다. 그러나 그는 거기서 학비보다 더 큰 것을 얻었다.

"방통대 보건위생학과 조교 일을 한 것은 행운이었어요. 방통대에 가니까 방통대 학생들은 교수님한테 정말 깍듯해요. 지금은 어떤지 모르겠는데, 그때가 97년도였으니까. 연세 있으신 50대 60대 분들이 저한테도 조교님 그러면서 머리를 깍듯이 숙이고. 처음엔 그러지 마시라고, 말씀 놓으시라고 아무리 그래도 안 통하는 거예요. 왜냐하면 그 분들은 배운다는 게 너무나 소중한 분들이셨고, 가족들을 위해서 학업을 포기하고 돈을 벌었던 사람들이지, 머리가 나쁜 사람들이 아니었던 거지요. 그 한이 있는 사람들이어서 나의 선생님, 나의 조교님에 대해선 하늘같이 모시고 싶은 마음이 있는 거예요. 그걸 꺾을 수는 없거든요. 그럼, 받은 만큼은 돌려줘야 하니까, 그때도 공부는 안하고(웃음), 이 분들에게 어떻게 내가 받은 걸 돌려줄까 고민하기 시작한 거죠.

그래서 학생들이 부르는 자리는 전부 다 갔어요. 학생들이 시험 때 와서 특강해주십시오 그러면 특강하고. 세미나 할 때 세미나 해주십시오 하면 세미나 하고. 술 먹고 싶습니다 하면 술 먹으러 가고. 거의 모든 자리에 갔던 것 같아요. 그러면서 조금씩 제 안에 만들어진 게 있었어요."

어려운 시절, 가족을 위해 돈을 버느라 공부할 시기를 놓친 사람들, 뒤늦게라도 공부할 기회를 얻은 것이 얼마나 소중한지 몸으로 아는 사람들, 그래서 학교에서 만난 모든 인연을 다 '배움'으로 여기고 존중하는 사람들. 초등, 중등, 고등을 거쳐 컨베이어벨트에 올라앉듯 당연히 대학에 진학했던 사람들은 도저히 이해할 수 없는 그들의 열망을 김신범은 조교 생활을 하면서 느끼게 되었다.

그 열망에 부응하기 위해 그들의 요청에 모두 응했고, 그러다보니 대학원 교실에서 하는 일보다 방통대 조교로 하는 일이 더 많았다. 대학원에서 지식을 쌓는 일보다 방통대 학생들에게 지식을 전달하는 일을 더 많이 했다. '지금은 공부해야 할 시기인데' '대학원 수업에 더 충실해야 하는데' 하는 생각을 안 한 것은 아니었지만, 자신에게 무언가를 요청하는 사람들을 외면하기 힘들었다.

"산업보건에 대한 지식을 전달하는 일을 하기 시작한 거잖아요, 제가. 공부는 쥐꼬리만큼 해놓았지만, 어쨌든 점점 보통사람들이 궁금해 하는 것에 답하기 위해 공부를 하게 되는 거예요. 굉장히 실천적인 공부를 하는 거지요. 그리고 그게 되게 재미있었어요.

그리고 방통대에 박동욱 교수라는 분이 계시는데, 정말 훌륭한 분이에요. 지금 산업위생학회장인데, 이 분을 통해서 이 학문이 가진 의미 이런 것들을 많이 배우게 되죠."

사람들의 요청에 응하고, 사람들의 질문에 답변하는 과정에서 그가 배운 것은 '보통사람들이 궁금해 하는 것, 보통사람들이 원하는 것을 중심'으로 공부하는 것이 얼마나 중요한가였다. '사람들의 요청'은, 이후 그가 연구 과제를 설정할 때마다 중요한 기준이 되었다. 그가 설정한 이슈들이 세상의 주목을 많이 받았던 것도 '요청에 부응하는' 그의 태도와 무관하지 않은 것이다.

의리 때문에 연구소 취직 포기

방통대 학생들과 어울려 공부하고 토론하면서 김신범 자신의 진로가 구체화되기 시작했다. 물론 당시에는 알지 못했다. 당시 방통대 보건위생학과에는 실험실이 있었고, 김신범은 그 실험실 장비를 이용해서 학생들이 설문조사하고 실험하고 측정하는 일을 최대한 지원하기 위해 일종의 논문 모임 같은 것을 하고 있었다. 그러는 중에 한국노총에 산업보건 관련 연구소가 만들어진다는 것을 알게 되었다. 한국노총이라면 노동자 입장에서 만들어지는 연구소이니, 그가 그 연구소에 지원하는 것이 당연했다. 그러나 그러려면 학생들 논문 모임을 중단해야 했다. 그는 갈등을 많이 했다. 전공을 살릴 일자리가 바로 앞에 있으니, 머리로는 논문 모임을 그만두고 취직을 하는 것이 옳다는 것을 알면서도, "차마 엉덩이가 떨어지지 않아서" 결국 그 연구소로 가지 않았다.

"그냥, 포기하자 생각하고, 포기했어요. 되게 속상했어요. 모처럼 기회가 왔는데 놓치는구나, 이런 생각을 했어요. 논문 모임 마무리하고, 대학원을 졸업했지요. 연구소 취업을 포기 했으니 시민단체의 간사가 되거나 지역에 들어가 동네일을 하면 되겠지 이런 정도의 생각을 했지요."

쉽지 않은 결정이었다. 자신이 오랫동안 꿈꾸며 준비한 일을 펼칠 기회가 바로 눈앞에 있는데, 조교 일을 하며 만난 학생들을 돕느라 그 기회를 포기해야 한다는 것이 어찌 쉽겠는가? 어쩌면 어리석기까지 한 결정이었을지도 모른다. 그런데 인생의 기회는 예기치 않던 곳에서 다시 만들어졌다.

"그때 우리 원진연구소가 만들어진 거예요, 바로 이어서. 기적 같은 일이었죠. 그때는 한국노총 연구소나 우리 연구소나 제 눈에는 그냥 똑

같은 연구소일 뿐이에요. 제가 만약 그때 한국노총 연구소를 갔다면 지금보다 더 행복하진 않았을 거예요. 어쨌든, 그래서 학생들과 약속을 지킨 것 때문에 더 좋은 길이 열린 거예요. 운이 없다고 생각했는데 사실은 그게 아니었던 거예요. 운이 너무 좋았던 거죠. 그래서 우리 연구소로 오게 되었어요.

그 후로 내가 부족하니까 많이 배워서 나가야지라는 생각을 하며 연구소에 있었는데, 그게 18년째 이러고 있는 거예요. 이게 다에요, 이 일을 하게 된 건. 아무 이유도 없어요. 그저 쓸모 있는 사람이 되고 싶었을 뿐입니다, 정도? 그런데 지금도 1년간의 그 바닥 생활, 그러니까 방황하며 그저 술만 마시면서 살았던 생활, 그걸 계속 떠올리면서 살아요. 자기 자신에 대한 자존감을 상실했을 때, 정말 끔찍한 일이 생기거든요."

그의 표현대로라면 기적처럼 원진연구소가 생겼다. 사람, 노동자, 건강. 그의 20대를 지배했던 세 개의 열쇳말은 원진노동환경건강연구소에서 구체적으로 결실을 맺게 된 것이다.

원진노동환경건강연구소 창립 멤버로

원진연구소는 1999년 6월 5일 만들어졌다. 처음 멤버는 5명이었다. 부서를 따로 나누고 할 인력도 없었다. 노동환경건강연구소를 설립한 이후 그가 했던 활동은 분야를 가리지 않고 필요한 모든 것을 하는 식이었다. 안전과 보건에 관한 전문가를 양성하는 교육을 하거나 개별 공장의 환경을 측정하는 일, 노조에서 요청하는 각종 프로그램을 운영하는

1999년에 설립된 원진노동환경건강연구소 창립멤버. 앞줄 왼쪽부터 정진주 사회건강연구소장, 허용 대구가톨릭대 교수, 윤충식 서울대 보건대학원 교수, 뒷줄 왼쪽부터 현 김신범 실장, 최인자 팀장, 이윤근 소장, 강태선 아주대 교수. 임상혁 전 소장은 사진에서 빠져 있다.

등 산업 안전, 보건, 노동자의 건강과 관련한 모든 일이 주어졌다. 그는 전문적인 지식이 있는 사람으로서가 아니라 배우는 사람이라는 자세로 임했다.

"연구소에 들어오긴 했는데, 석사 2년 말고 저는 제대로 공부한 게 없는 거잖아요? 대학 때도 수의학을 했으니까, 사실 생화학이나 독성학 같은 이쪽 분야에서 도움이 될 만한 기초지식들이 있었어야 하는데, 물론 다른 사람에 비해서는 풍월을 읊는 편이었겠지만, 정말 갖추어져 있지 않은 상태였고요. 그런 상태에서 제 목표는, 처음으로 저에게 이쪽 일을 알게 해준 '산재노동자협의회'와 같은 단체를 지원하는 활동가, 공부하는 활동가 정도였어요. 그래서 딱히 어떤 분야보다는 계속 '사람'들에게 주목했던 것 같아요. 그렇기 때문에 시키면 시키는 대로 하겠습니다, 하는 자세였어요."

당시 연구소를 시작한 멤버들의 가장 큰 고민은, "원진레이온 사건을 계기로 만들어진 이 연구소는 어떤 존재여야 하는가?"에 대한 답을 찾는 것이었다. 사실 이들은 엄청나게 큰 책임감을 느끼고 있었다. 그랬기 때문에 연구소라는 이름에 맞는 연구를 하기 위해서는 그래도 박사학위를 가지고 제대로 일을 할 수 있는 사람들을 더 모셔야 한다는 생각이 하나 있었고, 다른 한 가지는 지금 노동자들이 필요로 하는 일들은 무엇인지를 찾아내고 기획해야 한다는 생각이었다.

그래서 당시 미국 하버드대에서 연구하고 있었고, 현재는 세계보건기구(WHO)에서 일하고 있는 김록호 선생이 연구소에 합류하게 되었다. 이 분은 원진레이온 사건 당시 앞장서서 싸움을 했었으니 어찌 보면 당연한 결정이었다. 그리고 사회학 박사이며 현재 사회건강연구소를 맡고 있는 정진주 소장, 현재 서울대 보건대학원에 있는 윤충식 교수, 대구 가톨릭대에 있는 허용 교수 같은 분들이 속속 합류하였다. 김록호 선생은 의사로서, 윤충식 교수는 산업보건·작업환경 쪽에서, 허용 교수는 독성학 쪽에서, 정진주 선생은 정책과 노동환경 분석을 담당했다.

이 시기 김신범은 '시키면 시키는 대로' 했다. 가령, 정진주 선생과는 삼미특수강 노동자를 인터뷰하면서 해고가 노동자의 가족에 미치는 영향에 대해 조사하였고, 윤충식 교수하고는 밖으로 나가 환경조사를 하는 식이었다.

그러면서도 김신범이 가장 중요하게 생각한 일은 '노동자를 많이 만나는 것'이었다. 그것이 그에게는 새로운 일을 만들어내고, 활동의 주제를 찾고, 쓸모 있는 사람이 되기 위한 가장 중요한 방법론이었다.

예를 들면, 백혈병 환자가 찾아왔을 때 그 사람이 산재 인정을 받을 수 있도록 여러 가지 지원활동을 하는 것 외에, 같은 작업환경에 놓여 있는 다른 노동자들에게도 문제를 인식할 수 있도록 설득해야 하는데, 그것이 쉽지 않았다. 오로지 노동자들과 많이 만나고 대화하고 그들의 이야기를 최대한 듣는 과정에서 이루어질 수 있는 것들이었다. 그렇게 많은 노동자들과 깊이 대화하면서, 겉으로 보이는 것만이 아니라 뿌리에 있는 문제들을 짚어낼 수 있는 역량을 키우게 되는 것이었다.

김신범은 노동자들을 만나면서 스스로에게 많은 질문을 던졌다. 노동자들에게는 왜 똑같은 문제들이 반복되는 걸까? 왜 노동자들은 이런 처지에 있을까? 왜 이런 처지에 있는데도 불구하고 저항하지 못할까? 이렇게 억울한 사람들이 많은데 왜 이들은 회사를 바꿔내지 않을까? 같은 것들이었다. 그는 노동자들이 절실히 느끼고 있는 문제에 대해 책임을 지고 같이 풀어낼 수 있는 사람이 되고 싶었다. 자신에게 별로 힘이 없다는 생각이 들어 좌절하기도 하였지만, 이런 질문에 스스로 답하는 과정에서 연구소의 다양한 프로그램들이 개발되었다. 안전보건 고급활동가 양성과정도 그렇게 시작되었다.

노동자 문제는 노동자가

"제가 일반노조 조합원이 된 게 2001년쯤인데, 그때 중소사업장에 있는 노동자를 많이 만났어요. 또 연맹 사람들, 민주노총 사람들을 만나는 과정에서, 노동자의 건강이나 안전은 자기들의 문제인데도 불구하고, 이 문제에 대해서 꾸준하게 고민하고, 이 문제가 무슨 문제인지를 해석하고, 어떻게 싸워 나가야 할 것인지 방향을 정립하고, 이런 일을 하는 사람이 너무나 없다는 걸 알게 되었어요. 그런 일을 하는 사람이 없으니 문제가 반복되는 것이거든요.

그래서 이 문제를 가지고 민주노총 소속 몇 개의 조합들을 찾아다녔어요. 일종의 영업을 나선 거죠, 노동조합들을 상대로. '이런 일을 할 사람이 필요합니다.' 하고 다닌 거죠. 그렇게 해서 만들어진 것이 안전보건

고급활동가 양성과정입니다. 그런데 이 영업하러 다닐 때 우리 연구소장으로 있는 임상혁 선생님께서 같이 다녀주셨어요. 왜냐하면, 저는 생긴 것도 허접하고 말하는 것도 직설적이어서 얘기하다 보면 별로 신뢰가 안가는 사람이라, 좀 힘을 실어 주려고 저를 데리고 다녔어요. (웃음)”

결국 민주노총 산하의 화학섬유연맹에서 그의 제안을 받아들였다. 여수 산업단지 같은 곳에 많은 조합을 거느리고 있는 곳이었다. 거기서 프로그램 운영을 시작했다. 그때는 지도위원이라고 불렀다. 안전보건 지도위원. 안전보건 지도위원을 양성하고 이 사람들이 있는 사업장에는 현판도 달아주었다. 이 과정이 화학섬유연맹에서 처음 시작된 것은 그럴 만한 이유가 있었다.

“화학섬유연맹에 안전보건 담당자가 있는데, 이것만 맡아서 독자적으로 일하는 게 아니라 여러 가지를 겸임하는 사람이었어요. 그러니까 각 사업장에는, 그때는 산업안전보건부장이라고 불렀는데, 산업안전보건부장들이 임명되어 있었고, 이들은 1년에 한두 차례씩 정기적인 회의를 했어요. 제가 연맹에서 회의를 할 때 가보면 현장에 있는 간부들이 연맹을 상대로 ‘이게 뭐냐. 도대체 똑바로 하는 것도 없고….’ 맨날 욕만 하는 거예요. 근데 재미있는 건 사람이 자꾸 바뀌니까 1년, 2년 지나면 같은 이야기가 반복되는 겁니다.

연맹의 정책은 개인에게서 나올 리가 없는 것이거든요. 현장에 있는 사람들이 모여 그룹이 만들어지고, 이 그룹에서 정책도 생산하고 자기 지역에 있는 다른 사업장도 지원하고, 이럴 때 활동이 강화되는 것이지,

연맹에 있는 사람이 모든 사업장을 쫓아다니면서 하나씩 챙기기를 원하면 일이 될 수가 없는 구조잖아요. 그래서 이들이 스스로 생각하고 해결하는 구조를 만들어야 되겠다, 이 사람들 중에서 경험이 있는 사람을 연맹의 노동안전보건국장으로 하고 그 밑에 지도위원이라고 해서 자기 지역을 책임질 수 있는 사람들을 키워내서 중간 고리를 만들자, 그래서 허리를 단단하게 만들자, 이렇게 생각했어요.

이런 내용으로 제안했는데 받아들인 거예요. 그래서 지도위원 양성사업을 시작했죠. 그게 2004년도인가 2003년도인가 그럴 거예요. 재미있었어요. 아주 많이 배웠고 현장마다 순회하는 현장 투어도 했고."

보람도 있었고, 많은 성과를 내기도 했던 지도위원 양성과정은 오랫동안 지속되지는 못했다. 3기까지 하고 끝을 맺었다. 화학섬유연맹이 조직 내부의 문제로 둘로 나눠지면서 자연스레 이 과정도 없어지게 되었던 것이다. 그러나 노동자 문제를 노동자 스스로가 해결할 구조를 만든 이 프로그램은 여러 가지 면에서 큰 의미를 가진 것이었다.

몰라서 못하는 것이 아니다

원진노동환경건강연구소 안에 만들어졌던 노동자 교육센터도 역시 같은 생각에서 출발한 것이었다.

"우리 연구소가 만들어지기 전에 '산재추방운동연합'이라고 하는 곳이 있었거든요. 거기에 교육센터가 있었어요. 근데 '산재추방운동연합'

이 해산되면서 교육센터를 없애야 하는 상황이 온 거예요. 법인으로 만들어 놓은 것을 없애는 건 좀 아깝잖아요. 그래서 그걸 우리 연구소로 가져온 거예요. 그러면서 '네가 한 번 맡아볼래?'가 된 거죠. 그때부터 제가 교육실장을 했어요. 이게 2002년이었죠.

교육센터로 인해 노동자들의 안전보건정책을 개발하는 일에 본격적으로 나서는 계기가 됐어요. 제가 전공도 그렇고, 원래는 작업환경 쪽을 다루는 사람이 됐어야 했지요. 측정 장비들을 들고 현장을 다니면서 이들이 무슨 환경물질에 노출되고 있는가를 조사하는 일을 했어야 하는 사람인데. 저는 '그런 것을 한다고 현장이 바뀌지 않아.'라는 생각이 확고했던 것 같아요. 노동자들은 자신이 지금 몇 ppm의 유해물질에 노출되어 있는지를 몰라서 못 싸우는 것이 아니라 어떻게 싸워야 하는지를 모르기 때문에 못 싸우는 거라고 생각했거든요. 그래서 싸우는 방법을 만들어 내는 사람이 되어야 되겠다, 더 많은 노동자들이 이것을 깨닫고 자기를 지키는 일을 했으면 좋겠다는 생각을 그때 아주 강하게 가졌던 것 같아요."

그는 노동자들이 자신의 작업환경이 유해하다는 사실을 몰라서 개선을 못하는 게 아니라 잘 알고 있음에도 불구하고 어떻게 싸워야 하는지를 몰라서 개선을 못하는 것이라고 생각했다. 현장 노동자들과 함께 하면서 자연스럽게 내렸던 결론이었다. 파주에 있던 작은 단추공장에서 경험했던 일도 그의 결론을 확고하게 만들었다.

당시 그는 일반노조 조합원이었다. 일반노조는 개별 사업장 단위로는 노동조합을 만들기 힘든 사람들이 모여 만든 노조이다. 지금도 서울에 이런 노조들이 있는데, 한 지역에 노동조합을 만들어 놓고 어느 사업장에 속해 있는지에 상관없이 그 지역에서 일하는 노동자들이 개별적으로 조합에 가입하게 만든 것이었다. 지역노조라고도 불렀는데, 그가 이 일반노조의 조합원이 된 것이다. 노동자 상담을 하다 보니, 사람들이 너무 좋아서, 그리고 또 이 사람들 속에 들어가 있어야 할 것 같아서 가입했다. 물론 이 일반노조원들 중에는 학생운동 출신들이 제법 많았다. 학생들이 현장에 가서 곳곳에서 그런 노조들을 만든 것이다.

일반노조에 가입하고 나니, 조합 선배들이 그에게 단단히 일렀다. "6개월 동안 아무 말도 하지 마. 현장에 대해 아무것도 모르는 애가 와서 이건 이렇다느니, 저건 저렇다느니 얘기 한다는 것 자체가 노동자들을 무시하는 태도고, 배워야 할 사람들이 아는 척하며 가르치면 안 된다"고. 그는 명심하고 따랐다.

어쩐지 일찍 죽더라

그러던 어느 날 파주에 있는 단추공장에서 일한다는 형이 그에게 한 가지 부탁을 했다.

"제가 이런 공부를 한다는 걸 알고 저를 데리고 간 거예요. 공장 사장님이 퇴근한 다음에 담을 넘어 들어가 몰래 작업환경의 유해물질 농도 측정을 해봤어요. 그랬더니 스타이렌 같은 물질들이 기준치를 초과할 정도로 나온 거죠. 그 사업장에서 10명쯤 일하는데, 그 형 말고 또 다른 형, 이렇게 두 명의 일반노조 조합원이 있었어요. 이 사안에 대해서는 좀 더 많은 사람들이 알 필요가 있다는 생각에서 조합원 아닌 사람들도 그 형의 하숙집으로 불렀어요.

거기서 제 조사결과를 말씀 드리고 '너무 끔찍합니다.' 그랬더니 사람들이 하는 얘기가 '어쩐지 단추일 하는 사람들이 일찍 가는 이유가 있었어.' '얼마 전에 누구 또 쓰러졌잖아.' 뭐 이런 얘기를 막 하는 거예요.

그 분들은 유기용제에 고농도로 노출돼서 올 만한 증상들을 이미 다 경험하고 있었던 거예요. 대책을 의논하는데, '뭘 어떻게 해?' 이게 다였어요. 대책으로 세울 만한 게 없으니까. 그래서 온도가 중요하니까 겨울엔 창문을 닫는다고 하더라도 웬만하면 창문을 좀 여는 걸로 하자라고 말하는 정도에서 끝나고 말아요. 아니면 '내년에 사장님이 미국 수출 길 뚫릴지도 모른다고 했으니까 수출 길 뚫리면 그때는 환기장치 해달라고 얘기하는 게 어떨까?' 이런 정도로 얘기하고.

그러니까 답을 찾는 게 불가능한 상태의 사람도 있는 거예요. 사실 그런 사람들이 아주 많기 때문에 '이래야 돼요, 어떻게 이럴 수 있어요?'라는 말보다는 '아이 사장님' 이러면서 말을 꺼내야 되는 상황인 거예요.

해결책은 내가 찾아주는 게 아니라 본인들이 찾을 수밖에 없고, 노동자들이 사장님한테 말 한마디 할 거냐 말 거냐를 자기가 결정하는 게 중요한 거거든요."

그랬다. 문제를 해결하기 위해 고용주와 대화하고 싸움하는 것은 노동자 자신이었다. 그러니 김신범이 해야 할 일은 어찌 보면 제한적일 수밖에 없었다. "여기는 환기장치가 꼭 필요하다"는 결론이 중요한 게 아니라 작업장 환경이 어떤 점에서 심각한지 서로의 경험을 털어놓고 이야기를 하는 과정이 중요하다는 것이다. 스스로 문제를 인식하고 해결 방안을 마련하는 것은 그런 과정을 겪으면서 생겨나는 것이기 때문이다.

"현장에서 사람들과 이야기하면서 그런 걸 배운 거지요. 싸우고 싶어도 싸울 엄두를 못 내는 것, 그것이 바로 내가 상대해야 할 문제라는 걸 깨달았어요. 사람이 문제인 거지요. 환경이 얼마나 열악한가 하는 문제는 이미 다 알고 있었으니까요. 그래서 노동안전보건 교육센터를 맡아 실장으로 일하면서 그것에 초점을 맞추어 기획을 했지요. 예를 들어, 작업환경 측정을 한다고 하더라도 노동자들이 어떻게 이것을 주도할 수 있겠느냐에 초점을 맞추어 진행하고, 건강검진에 대해서도 노동자들이 어떻게 여기에 개입해야 하는가, 이런 문제에 집중했습니다. 그리고 산업안전보건법을 통해서 사업주를 협상 상대로 끌어내고, 교섭을 하려면 무엇을 해야 하는가, 이런 문제를 고민했지요.

그러면서 노동자 교육을 한 거예요. 금속노조와 100인 이하 작은 사업장들 현장순회교육, 이런 프로그램을 만들어서 그 사람들과 같이 문제를 들여다보면서 뭘 해야 되겠는가 의제를 발굴했어요. 그렇게 2006년, 2007년을 보냈던 거 같아요. 그때 금속노조에 모범단체협약을 만들어 내는 일, 안전보건 실태를 진단해서 각 지회별 지부별로 금속노조가 해야 할 역할에 대해 정리하는 것 등을 했어요."

노동자 스스로 자기 문제를 해결하도록 만들어야 한다, 고용주를 협상 상대로 끌어내고 제대로 협상을 해낼 수 있는 사람을 만들어야 한다, 이것이 연구소 내 교육센터를 책임진 김신범의 과제였고, 그 과제를 위해 사람을 만들어 내는 일에 주력했다.

사용 물질과 생산 제품의 안전문제를 노동자가 참여하여 함께 현장에서 진단하고 있다.

의자에 앉아도 되는 거였어요?

김신범이 1999년 연구소 창립 멤버로 들어와서 '시키는 대로 다 하는' 각오로 필요한 모든 일을 해 내는 과정에서 8, 9년이 훌쩍 지나갔다. 그 사이에 그는 현장에서 필요한 일에 집중하는 식으로 일을 해나갔고, 구체적인 생활상의 문제들을 노동자의 인권문제로 접근하는 의제들도 만들어갔다.

가령, 마트 계산대에서 일하는 노동자들은 하루 종일 서서 일해야 했다. 그들에게는 의자가 주어지지 않았다. 하지정맥류 등 심각한 질병에 걸릴 확률도 높았지만, 매일 매일의 피로도 문제였다. 계산대와 높이가 맞는 의자 하나만 주어지면 많은 문제를 예방할 수 있는데도 아무도 그렇게 하지 않았다. 노동자 자신도 의자에 앉아서 일할 권리에 대해 생각하지 못하였다. 불편을 감수하고 괴로움을 참는 것이 마땅하다고 생각하였다.

"2006년도에 민주노총에 영세 사업장 출신 김지희라는 여성이 부위원장에 당선이 돼요. 그 사람은 안전보건을 위해 제대로 일하고 싶다는 목표를 가졌어요. 그래서 2007년도에 노동안전보건위원회를 만들고 거기서 취약 분과라는 것을 만들게 됩니다. 제가 이 일을 맡아 여러 사람들을 찾아 갔어요. 여성연맹, 지하철 청소노동자, 서비스연맹, 일반노조 등등. 거의 모든 조직들이 떼인 임금 받아내는 싸움 등 절박한 것들이 많아서 건강권까지 할 수는 없다고 했어요. 그때 유일하게 한 번 해보자고 한 것이 민주노총 서비스연맹이었고 그래서 여성노동자의 건강권 의제가 무엇인지 함께 고민하게 되었죠."

서비스연맹 노동자들과 대화에서 처음 나온 주제는 사실 감정노동 문제였다. 그런데 그는 그때 감정노동 이야기를 하면 사회가 못 알아듣는다고 판단했다. 서비스 노동자들이 산업안전보건법으로 보호를 받을 수 있는 대상이라는 생각도 없을 때였기 때문이다. 그래서 징검다리가 필요하다고 생각했다. 당시에 노동자 건강 관련 뉴스레터를 발간하고 있던 그는, 해외 운동 동향을 통해 의자 캠페인이 이미 영국 어디에서인가 전개되고 있다는 걸 알고 있었다.

"그걸 보고 있으니 이거다 싶은 거죠. 산업안전보건법을 딱 펼쳐 놓

'서비스 노동자에게 앉을 권리'를 캠페인

고, 마트 계산원, 백화점 판매원 이런 노동자들에게 다 보여줬어요. '우리가 앉을 수 있는 거예요?' 그렇게 묻더군요. 이건 너무나 기쁜 상상인 거예요, 그들에게는. '하지만 어떻게 우리가 앉을 수 있어요? 고객이 계신데.' 관계는 고객하고 있는 거잖아요. 사업주와 관계가 아니고. 사업주는 고객을 핑계로 댈 것이고. 고객은 '왜 쟤는 앉아있어?'라고 말할 것이 뻔하니까. 그럼 사회를 향해야겠다, 오히려 잘됐다, 그래서 의자 캠페인을 한 거죠. 사실 반발이 컸었어요. 서비스 노동자들은 감정노동 문제를 제쳐두고 이것을 해야 하느냐고 말했지요.

또 다른 반발은, 건설 노동자한테 욕을 많이 먹었어요. 하루에 사람이 얼마나 많이 죽는데 지금 의자 캠페인 하고 있냐고. '맨날 떨어져 죽는데, 사람 죽는 게 중요하냐, 의자 놓는 게 중요하냐?' '미안합니다. 다만 당신네들은 떨어져 죽는 거고 저 사람들은 미쳐 죽는 거고. 내가 보기에는 똑같다.' 그렇게 버틴 거예요. 그래서 민주노총의 의제가 되고, 그

청소노동자에게 씻을 권리를 주자는 캠페인.

게 시작이었어요.

그런데 중요한 것은 의자를 놓게 만드는 힘이 사회에서 나왔다면, 거기 있는 노동자들 중 누군가가 앉아야 해요. 눈치 보는 것에서 벗어나 갖다 준 의자에 노동자가 앉아야 해요. 싸움이란 남이 도와주는 영역이 있고, 자기가 싸워야 되는 게 있는 거거든요."

그 후 펼쳐졌던 환경미화원에게 씻을 권리를 주자는 캠페인 역시 세상의 호응을 얻었다. 청소하느라 땀으로 범벅이 된 노동자가 씻을 곳이 없던 시절, 작으나마 샤워실을 만들기 시작하였다.

그러나 근본적으로 한계가 있는 일이라는 걸 그도 잘 안다. 환경업체가 자치단체와 개별적으로 용역계약을 맺게 되면서 미화원의 권리 역시

30분 배달제 철폐를 위한 침묵 시위.

영세업체들의 영역이 되어 버렸다. 김신범은 "지금은 쉼터로 쓰던 컨테이너 박스도 없는 곳이 많다. 보이지 않는 곳으로 다 치워버렸는지."라며 사회적 호응을 얻었던 노동자의 건강 문제가 사회 전체의 구조적 변화에 따라 다시 후퇴하는 현실에 대해 말했다.

피자 배달 30분제 폐지 캠페인 역시 큰 성공을 거둔 사업이다. 지금은 30분 내에 배달을 마치기 위해 배달 노동자들이 과속을 하며 목숨을 걸어야 하는 일이 많이 없어졌다. 생활 속에서 보이는 과제, 어렵지 않게 인식을 바꿀 수 있는 과제, 작지만 노동자의 건강과 안전에 직결된 의제, 그것이 그가 만들어 낸 성과들이었다. 물론 그는 좋은 '사람들과 함께' 만들어 낸 성과라고 했다.

우리에게도 발암물질 목록이 필요해

눈에 보이는 성과를 내기도 하고, 여전히 반복되고 있는 문제들과 씨름하기도 하면서 그의 연구소 생활은 계속되었다. 그러다가 그는 대구 가톨릭대 교수로 부임한 친구 최상준의 뒤를 이어 원진연구소 내 화학물질센터의 책임을 맡게 된다. 물론 발암물질에 대해 체계적으로 문제제기를 해야 할 시기가 되었다는 생각은 이미 하고 있었다. 뉴스레터를 발간하는 과정에서 해외 사례들을 꾸준히 접하고 있었고, 우리 사회의 노동환경에도 필요하다는 생각을 많이 했다.

직접적인 계기가 된 사건은 이랬다. 당시 WHO 산하에 국제암연구소라는 권위 있는 연구소가 있었다. 이 조직의 수장이었던 로렌쏘 토마티스라고 하는 사람이 자기조직을 고발하는 논문을 발표했다. 고발의 내용은, 물질의 발암성 등급이 하향 조정되고 있는데, 이것을 조정하는 위원회의 위원들 중 기업들로부터 돈을 받고 있는 사람들이 반 이상을 차지한다는 것이었다. 수많은 논의 끝에 국제암연구소는 "기업과 관계가 의심되는 사람, 공정성에 위배되는 사람들에게는 발암성 물질 등급 투표권을 드리지 않습니다. 방청권만 허락합니다." 이렇게 규정을 개정했다. 이 사례를 접하면서 김신범은 우리 사회를 되돌아보게 되었다.

또한 발암물질 등급이 높은 물질 목록만 만들면 사업주는 아직 검증이 안 된 다른 물질을 써도 된다고 생각하게 되니까, 발암물질 목록 작업이 한편으로는 노동자를 보호하지만, 다른 한편으로는 노동자를 무방비 상태로 몰아넣게 된다는 지적들을 접하면서 우리 사회가 아직 제대로 하고 있지 못한 작업에 대해 깊이 있는 '예습'을 하기도 했다.

발암물질 없는 안전한 일터와 양산 만들기 토론회.

원진연구소가 화학물질센터를 통해 발암물질 사업을 추진하는 분위기가 무르익은 셈이었다.

"2008년도쯤에 발암물질과 관련된 화학물질 감시 운동을 전개해야겠구나 하는 생각을 하고, 발암물질감시네트워크를 준비하기 위해서 전국의 전문가들에게 이메일을 돌립니다.

'해외의 발암물질 감시와 비교할 때, 우리나라는 감시체계가 거의 없다, 정부가 발암물질 목록 같은 것을 만들어 내지 않아서 발암물질이 발암물질이 아닌 것처럼 쓰이고 있다, 이걸 바꿨으면 좋겠다.'는 내용으로. 그때 20명 정도에게서 답장이 왔어요. 같이 하겠다고. 그래서 발암물질감시네트워크 밑에 발암물질 목록 작성 전문위원회를 만듭니다. 그 위원회의 위원장은 서울대학교 백도명 교수님이 맡으시고, 우리 연구소에서는 목록을 만들어야 하는 이유, 배경 등 이런 것들을 제안하면서 토론을 붙여서 열두 차례 정도 모임을 가졌습니다. 그러면서 2010년 1월 초에 국회 앞에서 '발암물질 목록 1.0'이라는 것을 발표합니다. 환경운동연합, 노동조합 등이 모여서 다 함께 만든 거죠. 발암물질감시네트워크는 그걸 함께하는 조직이 된 거고."

국회 앞 발표에 대해 노동부가 곧장 반응했다. 발암물질 1.0에 나와 있는 약 496개의 발암물질 목록에 대해, 전 세계 어느 국가가 공식적으로 이렇게 많은 발암물질을 인정하는 국가는 없다고 발표를 했다. 그러나 발암물질 관리가 체계적이지 못하다는 점은 인정했다. 그리고 발암물질 제도 개선을 위한 전담팀을 꾸렸다. 연구소와 발암물질감시네트워크의 조사에 대해 귀를 기울이기 시작한 것이다. 이 전담팀(TF팀)의 첫 세미나에서 그는 그간의 연구 결과를 발표했다.

여러 번의 논의 끝에 정부는 발암물질 관리체계에 문제가 있었다는 것을 인정했다. 그리고 발암물질 목록을 독자적으로 개발할 수는 없지만, 작업환경물질로 고시된 화학물질 중 발암물질이 있으면 별도의 표시를 하겠다고 했다. 58종의 발암물질이 200종 이상으로 갑자기 확 늘어나게 되었다. 그렇게 해서 발암물질에 관련된 사업들이 탄력을 받기 시작했다.

여기에 발암물질 들었나요?

발암물질 목록을 만들었으니 노동자들이 이걸 가지고 현장조사에 들

'마트 안전 발암물질 없는 사회 만들기' 캠페인

어가야 했다. 고맙게도 금속노조가 2010년 1월 대의원회의에서 특별기금 모금을 결의했다. 발암물질 관련 조사 기금을 만든 것이다. 당시 금액으로 1억 원이었다. 그것으로 각 사업장의 발암물질을 조사하게 되었다. 물론 각 개별 사업장으로 비용을 나누면 터무니없이 부족한 금액이었지만, 90여 개 사업장을 조사했다.

그러면서 현대자동차와 기아자동차를 별도로 조사했다. 결과는 참혹했다. 생식독성물질까지 포함해 전체 취급제품의 약 50% 제품에 발암물질, 생식독성물질이 들어있었다. 김신범은 이 결과를 놓고 발표하지 못하겠다고 생각했다. 문제가 너무 심각하면 발암물질 문제는 원래 대책이 없는 거라는 식으로 회피하는 것이 사람의 속성이기 때문이다.

"그래서 차라리 다른 나라에서 안 쓰는 물질인데 들어와 있는 물질은 없을까 하고 찾아보았어요. 그러면 그 물질을 안 쓰게 하기가 더 쉬우니까요. 어떻게든 사람들이 수용하고 해결하게 만드는 게 제 역할이지 문제를 터뜨리는 게 제 역할은 아니니까. 찾아봤더니 금지한 물품, 해외에서 안 쓰는 물질들이 엄청나게 많은 거예요. 일부 물질은 끼워 팔기까지 하고 있었어요. 유럽에서 금지가 된 것을 환경규제가 약한 한국에 재고처리를 하는 거예요. 굳이 안 들어가도 되는 제품에 이걸 넣어버려요. 빨리 없애버려야 하니까."

그는 처음에는 이 불량 기업들에게 타격을 줘야 되겠다고 생각했다. 불량 기업을 공개해서 분리해야겠다고 생각한 것이다. 그러나 나쁜 짓을 하지 않은 기업들도 이 문제에 관해서는 회피하고 숨을 수밖에 없다는 것을 알게 되어 활동의 방향을 바꾸게 된다.

"나쁜 기업을 포함하여 모든 기업을 다 불러 가이드라인을 제시하겠다고 제안합니다. '이러 이러한 물질을 안 쓰겠다는 약속을 모든 기업이 하자. 그걸 기업에서 조직하면 불매운동 안 들어갈게.' 이렇게 바꿉니다. 그렇게 해서 처음에 한 6개인가 8개가 모였고, 그 기업들이 동의를 했습니다.

그게 2012년도 일이에요. 2015년에는 2차 개정을 했습니다. 방부제 목록도 들어왔는데 참여 기업이 20개예요. 국내 절삭유 제품의 80% 이상이 우리 기준을 지키고 있어요. 그리고 2015년에 저감보고서라는 것을 냈는데, 금속가공유 저감보고서입니다. 우리가 약속해서 줄인 물질이 200ℓ 큰 드럼통 오천 개 정도를 줄인 거예요. 놀랍죠. 시장을 바꿀 수 있는 거죠. 이건 노동자들이 소비자운동을 한 것이에요."

건강에 해로운데도 생산되는 것은 누군가가 쓰고 있기 때문이다. 이걸 쓰지 않으면 생산되지 않는다. 단순해 보이는 이 일이 단순하지 않은 과정을 거쳐 서서히 정착되는 것이다.

"예를 들어, 락카 스프레이 같은 것도 말입니다. 락카 스프레이에 스팔레이트라고 하는 환경호르몬이 굉장히 많이 들어가 있어요. 사업장에 가서 발암물질 조사 사업을 하고 있으면 노동자들이 물어봅니다. '여기에 환경호르몬이 많이 들어간다면서요.' '맞아요.' '그럼 제가 작업하는 거 보면 위험한지 안 위험한지 알 수 있습니까?' 그러고 작업하는 거 보면 하루에 한 5분 써요. '이 정도는 괜찮아요.' 이렇게 말하면 사업장에서 그냥 썼어요.

그러나 이제는 사람들이 무슨 생각을 하냐면, '나는 지금 이걸 피해가 오지 않을 수준으로 쓰니까 괜찮지만, 그렇다고 우리가 이걸 계속 찾으면 누군가가 피해를 봐. 우리가 사니까 이런 제품이 생산되는 거야. 그러니까 이런 것들을 사주지 않아야 해.' 이렇게 해서 노동자와 노동조합, 기업들이 독성물질이 있는 락카 스프레이를 사용하지 않게 되는 겁니다. 그런 의식들은 서서히 뿌리내리게 됩니다. 저희가 하는 일은 그런 것들입니다."

물론 의견을 제시조차 못한 경험도 있다. 그는 2011년경 현대자동차와 기아자동차의 조사 결과를 발표하면서, 자동차 산업에 금지물질 목록을 제안했다. 조사 결과를 들고 현대자동차를 방문했다. 환경운동연합 대표들과 발암물질대표네트워크 대표들이 함께 갔다. 10명 정도의 방문단이 꾸려졌고, 여성이 반 정도였다. 현대자동차가 시커멓게 코팅된 차 2대로 정문을 막아 버렸다. 겨우 10명이 갔는데. 그때 김신범이 전달하려고 한 편지는 '이러 이러한 발암물질이 있는데, 해외에서 금지된 것이 많습니다. 저희가 제안한 물질들은 사용하지 말아주십시오. 그리고 납품업체들과 부품제조사들까지 모두 이런 것들을 안 쓸 수 있게 이끌어주십시오.'라고 쓴 것이었다. 이 편지조차 전달을 못한 것이었다.

노사 공동으로 톡식 프리 선언

발암물질 문제는 모두의 건강이 달려있는 문제이니 노사가 합의해서 문제를 해결하는 방식이 더 필요한 부분이기도 하다. 그 사례로 김신범이 소개하는 곳은 타타대우자동차였다.

"언젠가 민주노총 금속노조 수련회에 갔는데, 간부 한 사람이 와서 하는 말이 우리 연구소에서 나온 유해물질 조사 결과를 회사에 보여주니까 회사에서 '원진이 이게 문제다. 문제만 지적하고 대책은 주지 않는다.'며 화를 내더라는 겁니다. 그 간부가 물어요. 대책이 있는 거냐고. 거기서 제가 화를 버럭 냈어요. 노동조합이 조합비로 문제를 찾아냈으면 되었지 대책까지 조합비로 만들어주면 회사는 뭐하는 거냐고, 그걸 노동조합 간부가 와서 대책 있어요? 이렇게 물으면 어떻게 하냐고. 그 간부는 '그러네요.' 하며 갔지요.

그런데 그 사람이 나중에 다시 왔어요. 대책을 세우자고. 알고 봤더니

이 회사가 타타대우자동차인 겁니다. 타타는 인도의 국민기업이에요. 대우 상용차를 인도의 타타가 인수한 것이고, 그래서 타타대우자동차가 된 것인데, 타타대우 사업장에 뭐라고 써있냐면 '우리는 국민들로부터 최고로 존경받는 기업이 되겠습니다.' 이게 기업비전이에요. 생산성 이런 게 들어가는 게 아니고. 사무직들이 먼저 노동조합을 띄우면서 생산직과 사무직이 하나의 노조를 만드는 아주 특이한 모습이고, 비정규직 사람들이 모두 참여하고 사무직이 결합해 있으니까 회사의 모든 정책을 다 알잖아요. 굉장히 능력 있는 노동조합이 만들어진 거예요."

그렇게 특이한(?) 회사에서 원진의 보고서에 관심을 갖고 자기 사업장에서만이라도 이 문제를 해결해 보겠다고 나선 것이다.

"우리 연구소에 제안서를 만들어 달라고 하기에, '톡식 프리(Toxic Free) 선언을 하는 것이 어떠냐, 소비자와 노동자, 지역 주민을 위해서 우리 기업에서는 아예 유해물질을 쓰지 않겠다는 선언을 해라' 이렇게 권유한 것이죠. 그게 톡식프리 타타 선언입니다. 노사가 공동으로 선언을 했어요.

이것이 모델이 되어서 이후 경주지역에서 찾아온 거죠. 경주지역은 금속노조 중에서 가장 조직력이 센 곳이에요. 이 사람들이 노동조합에 찾아와서 타타대우자동차에서 한 것처럼 우리에게 해줄 수 있느냐, 크지 않은 여덟 개 사업장들, 주로 자동차 부품회사들이었는데, 여기서 '노사공동으로 할 테니 타타와 같은 것을 해달라'고 했지요. 결국 노사가 '고독성물질 저감합의문'에 싸인 했지요."

우리도 독성 물질 쓰지 않겠다

김신범은 이후로 조금 더 욕심을 부리기 시작했다. 노사가 선언하는 것에서 한 발 더 나아가 독성물질을 줄일 수 있는 시스템을 만들게 하는 것이었다. 2013년 사용 실태를 조사하고 2014년 한 해 동안 실무위원을 두고 각 사업장들이 어떻게 줄여나가는지를 확인하고, 독성물질들을 구매하지 않는 시스템을 점검하기로 했다. 물론 잘 되지는 않았다. 그렇지만 가능성을 보았다. 선언과 합의를 이행할 수 있도록 장치를 마련하는 것이 불가능한 일은 아니라는 것을 알았다.

"건강한 노동자와 일하는 것은 정말 행복한 일입니다. 절망적인 상황들도 많지만 조금씩 진화해 가고 있다고나 할까요? 운동성이라는 것은 우리 내부에서 생기는 것만이 아니라 관계하는 대상들과 여러 주체들과 우리 속에서 계속 새롭게 만들어지는 거 같아요. 그러니 앞으로 우리 연구소의 생존은 어떤 관계를 어떻게 맺을 것이냐에 달린 것 같아요. 더 건강한 세력들, 더 우리를 필요로 하는 사람들 그들을 찾아가고 그들 속에 있으려고 하고 그런 식으로 가다보면 우리 연구소가 좀 오래 갈 수도 있겠는데…, 그런 생각이 들지요."

써도 되는 것을 찾아 헤매는 소비자

이제 발암물질 문제는 우리 사회에서 어느 정도 공론화되어가면서 구체적인 로드맵이 필요한 단계가 되었다. 2009년 김신범이 처음 발암물질감시네트워크를 만들 당시에는 노동조합 중심으로 문제제기가 되었다. 그러다가 차츰 환경운동가들도 이 문제에 결합하기 시작했고, 아이쿱이나 생협들도 함께 힘을 합쳤다. 이 운동의 구심이 노동조합에서 일반시민들로 바뀌기 시작했다.

발암물질의 저사용 문제는 소비자들이 관심을 가질 때 확 바뀐다. 기업이 독성물질을 사용하지 않는 것은 노동자를 위해서가 아니라 소비자의 눈이 무서워서 그런 것이다. 소비자운동은 그런 점에서 유독물질 방지를 위해 커다란 역할을 할 열쇠를 쥐고 있다. 그러나 운동의 방향에 대해서는 아직도 많은 고민이 필요하다는 것이 그의 지적이다.

"이를테면, 현대자동차는 부품사들이 화학물질 쓰는 걸 감시하고 관리하고 있어요. 어떤 관리냐 하면 새차증후군 예방을 위한 관리 같은 거예요. 오공본드 있죠? 그런 본드를 쓰던 것들은 다른 재료를 쓰게 해요. 이렇게 제품 관리를 하는 것은 거기서 일하는 노동자들을 위한 관리가 아니라 소비자들의 새차증후군을 예방하기 위해서 해요. 노동자와 소비자 모두를 위해서 해야 하는데 그렇게 하지 않아요.

소비자의 대응은 어떻지요? 석면 베이비파우더 사건 기억나세요? 탈크에 석면이 오염되어 있었잖아요. 그때 소비자들은 어떻게 했냐면, 무슨 브랜드에는 무엇이 들었고, 무슨 제품에는 없고, 이런 걸 인터넷에 올려서 없는 것을 사자는 게 소비자운동이었어요.

여기에는 심각한 문제가 있어요. 그런 식으로 하면 문제가 반복됩니다. 소비자들이, '어떻게 생산과정에서 석면이 들어갈 수 있어요? 그게 어떻게 유통이 된 거죠?'라고 문제제기를 했어야 문제가 반복이 되지 않아요. 소비자들과 노동자들이 손을 잡고 한 번에 바꾸어야 합니다."

유럽에서는 2007년도에 "모든 화학물질은 독성과 유통 정보를 등록하지 않으면 유통할 수 없다"는 것을 골자로 하는 법률이 통과되있다. 우리나라도 2015년에 화평법(화학물질 등록 및 평가 등에 관한 법률), 화관법(화학물질관리법)이 시행된다. 기업들이 '악마는 디테일에 들어있다'며 반대했고, 대통령까지 나서서 이 법이 도입되면 기업이 망하고 나라가 흔들릴 것처럼 비난했던 법이다. 김신범은 시민사회 대표로 들어가 이 법의 시행령과 규칙을 만드는 과정에 함께 했다.

그런데 유럽에서는 이 법을 만들 때 시민 사회와 노동조합이 굉장히 많은 역할을 했다. 발암물질과 생식독성물질 같은 것들을 사회적으로 저감시켜야 한다, 꼭 필요한 곳이 아니면 사용하지 못하도록 용도를 제한해야 한다는 것이 합의되었고, 그를 위한 프로그램을 안착시키는데 많은 공을 들였다. 우리사회에서도 이런 프로그램들이 만들어져야 할 때가 왔다는 것이 김신범의 생각이다.

"지금부터 저는 발암물질목록 1.0을 2.0으로 개정하는 작업을 하려고 합니다. 발암물질만이 아니라 생식독성과 환경호르몬까지 포괄되는 목록을 만들어 누구나 볼 수 있게 공개하려고 합니다. 엑셀 파일로 만들어 다 다운 받을 수 있게 하는 거죠.

그 다음에 또 하고 싶은 것은 2030년까지 화학물질로부터 안전한 사회를 어떻게 만들어 낼 것인지에 대한 로드맵을 만들어 내고, 이 로드맵을 정부에게도 제시하는 겁니다. 정부가 만들기를 기다리는 것이 아니라 우리가 만들고 따르라고 요청하는 것이죠. 이런 식으로 운동해야 한다고 생각합니다."

그런데 화평법, 화관법과 관련하여서 김신범은 "지금 생각하면 얼굴이 화끈거리는 일들이 있다."고 고백하였다. 예를 들어, 기업 측과 마주 앉은 협상 테이블에서 기업 측이 "외국에서는 이렇게 시행하고 있다.", 혹은 "그렇게 하고 있지 않다."고 주장하면 그것을 반박할 근거를 대지 못했던 것이다. 교섭 테이블이다 보니, 알아보고 다시 의논하자는 것이 통하지 않는, 글자 그대로 지금 곧바로 반박하고 주장해야 하는데, 저쪽에서 내민 자료들이 맞는지, 틀리는지 알 수가 없었던 것이다. 결국 적당히 타협하는 식으로 해결할 수밖에 없었고, 이것이 김신범에게는 '실패'의 기억으로 남아있다.

"싸우거나, 버티거나, 그것도 아니면 차라리 테이블을 박차고 나오거나 해서 아예 판을 깨거나 그래야 하는데, 나는 그걸 못하는 겁니다. 어떻게든 해결책을 제시해서 타협하는 쪽으로 나가는 거죠. 여기서 해결을 보아야 어느 정도 진전이 된다고 생각하는 거죠. 그냥 제 성향인 것 같아요. 되게 온순한 성향. 나는 이런 내 성격이 마음에 안 들어요."

그것은 김신범의 한계라기보다는 시민사회 운동권의 역량, 혹은 정보의 한계라고 볼 수 있다. 하지만 "버티면서 악착같이 싸우지는 못한다."고 스스로 자평하는 그의 '온순한' 성격은 스스로에게는 늘 불만이었다.

물론 타협하면서 해결하였기에 한 발씩 전진해 오늘의 성과를 낳은 것이지만, 당사자로서는 자꾸 자신의 '부족함'을 자책하게 되는 것이다.

"내가 아니고 다른 사람이 이 자리에 있는 것이 더 낫지 않겠는가 하는 생각은 늘 있지요. 사람이 없다고 해서 제가 가긴 하는데, 일을 하고 나면, 늘 그런 생각이 들어요. 제가 운동을 하기에는 좀 비겁한 성격인 것 같아요. 대립해서 싸우는 것을 피하고 싶어 한다고나 할까."

해볼 테면 해보라던 눈빛

김신범에게는 잊을 수 없는 실패의 기억이 또 있다. 미군기지 캠프 캐롤을 둘러싼 다이옥신 논쟁이었다. 2010년 경, 연구소로 제보가 하나 들어왔다. 퇴역한 미군이 제보했는데, 미군기지 내에 고엽제가 묻혀있다는 것이었다. 보건과 환경 등 시민운동 단체를 중심으로 대책위원회가 꾸려졌다. 그런데 대책위원회에서는 지하수 오염과 주민 피해에 대해 문제제기를 하고 있었다.

"고엽제의 다이옥신은 물에 녹지 않아요. 그러니까 땅에 묻어놨으면 빗물이 아무리 스며들어도 그 자리에 가만히 있지 그게 빗물에 녹아서 지하수를 오염시키고 주민들에게 전달되지 않아요. 이게 하천을 통해서 전달되는 경우는 토양 상부에 오염 되어 있다가 빗물에 흙먼지들이 둥둥 떠서 하천으로 이동하는 케이스예요. 베트남에서의 호수 오염은 이런 경우거든요.

그런데 대책위나 보건 운동 쪽에서는 지하수 오염과 주민들의 피해에 대해서 문제제기를 하려는 거예요. 그렇게 잘못 짚었다가는 되레 크게 당하거든요. 그래서 '다이옥신이란 무엇이고 어떤 기전을 거치고 환경 차원에서 이 사안은 어떻게 바라보는 게 옳겠는가?'에 대한 과학적 근거들을 정리한 짧은 페이퍼를 만들어서 대책위원회에 가서 발표를 했어요. '여러분이 잘못 생각하는 지점이 있다'고. 대책위에서는 굉장히 좋아했죠. 그래서 우리와 함께 해 달라고 요청했고, 그래서 제가 캠프 캐롤 안까지 들어가게 돼요."

그런데 막상 들어가니 알 수 없는 문제들이 많았다. 다이옥신이 들어간 고엽제라는 게 액체인지 고체인지 알 수 없었고, 폐기되었던 지점들에 너무나 분명한 오염신호들은 있었지만, 그 오염이 다이옥신에 의한 오염인지 분별할 수가 없었다.

미군기지 안에 드라이클리닝 세탁소, 도장공장, 정비공장 등이 운영되고 있었으니 그 안에 수많은 오염물질, 세척제들이 뒤섞여 있어 지하수가 어마어마하게 오염되어 있었다. 분명히 주민들에게 악영향을 줄 가능성이 컸지만, 다이옥신 등 물질을 분리해서 책임을 묻고 미군이 인정하게 하는 데는 한계가 있었다.

"그때 기지 안에 들어갔지만, 할 수 있는 게 아무것도 없더군요. 나의 무능과 무식을 절감했어요. 지금도 잊히지 않는 것은 미군 장교, 굉장히 잘 생기고, 아주 뭐랄까, 정중한 사람이었는데, 저를 슬쩍 바라보았을 때의 그 눈빛, 잊히질 않아요. '해볼 테면 해봐라'는 눈빛. 그래요, 그때 아무것도 못 해냈죠. 아는 게 없어서. 그건 정말 굉장히 속상한 기억이에요. 비참했습니다."

다이옥신은 맹독성 물질이다. 무수한 암을 일으킨다. 고엽제 후유증을 일으키는 주범이다. 국내에도 고엽제 후유증을 앓고 있는 참전 군인들이 굉장히 많이 있다.

그런데도 불구하고 미국이 어느 지역에서는 살포 안했다, 어느 시기에만 했다, 이런 식으로 주장하면 반박할 근거를 찾지 못하여, 아무런 문제제기도 못한 채 가만히 있을 수밖에 없는 상황이었다. 캠프 캐롤에 들어갔을 때 이 문제를 체계적으로 조사할 기회를 얻은 셈이었지만, 아직 역부족이었던 것이다.

무능과 무지에 대한 자책, 더 싸울 수는 없었을까 하는 부끄러움, 내가 아닌 다른 사람이 했더라면 더 낫지 않았을까 하는 후회 등은 연구소 일을 시작하면서부터 늘 그를 따라다니는 성찰의 내용들이고, 지금도 여전히 그는 그런 생각 속에서 살아가고 있다.

다만, 이와 관련하여서 최근에 그가 마음을 굳게 먹고 시작한 일이 하나 있다. 타협과 실패, 무지와 실수, 혼란, 무능 등 남에게 털어 놓기 부끄러운 일들에 대해 꼼꼼히 기록하기 시작한 것이다. 잘한 것이 아니라 부족하였던 것에 대하여 기록하고, 그것을 후배들에게 전한다면 적어도 그가 겪었던 실패가 반복되지 않으리라는 생각에서였다. 실패를 기록하기 시작하면서 그는 실패의 상처에서 서서히 벗어나기 시작했다고 말하였다.

결국, 마을이 필요해

김신범은 자신의 미래에 대해 결국 '지역에 뿌리박고 사는' 일이 되어야 하지 않겠는가 생각한다고 했다. 지역 문제는 오래전부터 그의 주요 관심사 중의 하나였다. 뒤늦게 아이를 낳아 이제 여섯 살 된 아이의 아버지인 것도 지역 문제에 더욱 관심을 갖게 된 계기였다. 노동자는 동시에 지역 주민이기도 하다는 것, 마을이란 인류가 만들어 낸 필수적인 단위라는 것, 노동의 문제란 사실 복합적인 인간의 문제이고, 그것은 결국 어떤 형태로든 지역에서도 만나게 된다는 것, 이 모두는 우리에게 건강한 지역, 안전하고 자유로운 마을이 필요하다는 것을 의미한다.

"내가 노동자들과 관계만 있는 게 아니거든요. 내가 살고 있는 동네에서도 많은 일들이 벌어지죠. 우리 동네 석촌동에서 세 모녀가 자살한 사건이 났을 때, '절망 속에 죽음을 선택하는 사람들이 있었는데, 같은 공간에 살고 있으면서 행복해 하고 있었던 나는 그들의 죽음에 아무런 책임이 없을까?'라는 생각을 할 수밖에 없는 거죠. 그러니까 내가 어디에선가 좋을 것들을 만든다는 것은 결국 내가 지금 서 있는 자리에서 그래야 한다는 것을 의미해요. 그렇지 않으면 나는 내가 해야 할 일을 하나도 안 하면서 딴 사람들 사는데 가서 '이렇게 살아야 되지 않겠어요?'라고 훈수 두는 사람 밖에 안 되는 거죠. 사실 노동을 고민하는 이상 지역이란 문제는 피할 수가 없어요. 본질적으로 다르지 않거든요."

지금 그는 송파시민연대 감사로 일하고 있는데, 얼마 전 송파 세 모녀

사건이 났을 때 지역 추모 모임을 만들었다. 물론 추모하는 것을 반대하는 주민들도 많았다. 그런 가난이 동네에 있다는 것을 숨기고 싶었던 것이다. 강남구에 살거나 송파구에 산다고 해서 다 부자인 것은 아니다. 가난한 동네도 가난한 사람들도 많다. 그러나 이 지역에 사는 가난한 사람들은 이중고를 겪게 된다. 가난의 고통과 그걸 드러내지 못하는 고통. 그러면서 부유한 사람 위주로 돌아가는 행정 때문에 다시 피해를 보게 된다. 결국 소수의 잘 사는 사람들을 위한 마을이 되어 버리는 것이다. 이 문제를 해결하여, 가난하거나 부유하거나 상관없이 자기 지역에서 자유롭고 편하게 지역 문제에 대해 발언하고, 요구할 수 있도록 주민들이 힘을 합쳐야 한다는 것이 그가 생각하는 지역 운동이다.

더 부유하고 편하게 살았겠지만

연구소가 창립될 때부터 시작해서 지금까지 그는 연구소와 함께 했다. 이 연구소의 역사는 한국의 산업 안전, 직업병, 노동자의 건강권, 환경 문제의 역사와 맥을 같이 하고 있다. 동시에 김신범의 삶 역시 이 역사와 나란히 걸어왔다. 연구소는 그에게 직장이라기보다는 소명 같은 것이었고, 사람들과 함께 하는 삶의 방식이었고, 세상을 느끼는 창구였다.

"내가 어딜 가도 더 나은 대우를 받을 수 있는데, 하는 속마음은 있었던 거 같아요. '운동을 한다고 해도 임금이 이게 뭐야, 그리고 내가 일을 열심히 했으면 잘했다고 칭찬을 해줘야지. 잘못한 것만 지적하고 말이야' 이런 생각은 있었죠. 이렇게 살지 않았으면 어땠을까, 더 부유하고 편하게 살았을 수 있었을 텐데 하는 마음이 조금 있었을 거고. 그러나 어느 순간 연구소가 되게 고마워지기 시작했어요. 인생 자체가 이 정도면 어디냐 이런 생각도 하게 되고.

그리고 가장 중요한 것은 내가 점점 더 좋은 인간, 더 건강한 인간이 되었다는 거예요. 미군기지에 들어가건, 정부 교섭장에 들어가건, 실패했건, 성공했건 어쨌든 그런 기회들을 통해서 나는 공부하고, 성장하고, 결국 더 나은 인간이 되었던 거죠."

돈을 많이 벌거나 편하게 살거나 하지는 못했지만, 원진연구소를 통해서 세상을 바꾸는 일에 기여하고 있다는 생각, 사회운동의 하나로써 연구소가 큰 역할을 하고 있다는 생각은 김신범의 긍지였을 것 같다. 부끄러움을 아는 인간, 계속 성장하는 인간으로 건강하게 살 수 있었다는 것도 그가 연구소 인생을 행운이라고 여기는 이유가 되었다.

물론 세상이 변해감에 따라 새롭게 정리해야 할 일도 많았다. 오랫동안 돈이 되지 않는 일을 하면서, 더구나 수많은 사람과 관계를 맺으며 연구소를 운영하고 유지하는 과정이 쉽지는 않았을 것이다.

예를 들어, 연구소의 운영만 해도 그렇다. 연구 비용, 연구소 인력들의 급여는 어떻게 해결되는 것일까? 인터뷰의 주제에서 좀 빗겨난 것이어서 이 부분에 대해 많은 이야기를 나누지는 못했지만, 노동조합과 연구소의 관계에 대한 김신범의 고민에서 어려움을 유추할 수는 있었다.

예전의 경우, 연구소와 노동조합은 어려운 가운데 긴밀하게 협력할 수 있는 일들이 많았다. 그러나 지금은 그렇지 못하다. 특히 대기업 노조와 관계에서 더 큰 어려움을 느끼고 있다.

"예를 들어, 전에는 우리가 사업장에 들어가 조사하고 결과 보고서를 내고 대처 방안을 고민하면서 관리사업도 만들어 냈어요. 이때는 우리가 회사 내 노동환경, 유해물질 등에 대해 문제제기를 하면 노동조합은 우리의 문제제기를 받아서 현장에 접목시키고 그러면서 회사로부터 정당한 조사비용을 받아내고, 그 비용으로 우리 연구소가 다시 연구 작업을 할 수 있는, 말하자면 우리 연구소가 생존 가능할 수 있는 이런 구조가 있었던 거죠. 지금은 우리 연구소가 조사하고 문제제기한 것에 대해 회사가 본격적으로 정밀 조사를 하려고 하면, 당연히 노동조합에서 우리 연구소가 들어가서 제대로 사업을 할 수 있게끔 회사에 요구를 해줘야 하는데 그렇지 않아요. 우리가 밑바닥 작업을 다 해놓으면 나중에 대학 연구소가 들어가서 이걸 다, 글쎄, '따 먹는다'고 표현할까요? 왜 그 좋은 인력과 시스템을 가진 대학이 새로운 연구 주제를 개발하지 않고 민간 차원에서 고생해서 해놓은 것을 가져 가려 하는지, 그런 생각이 많이 들어요."

노동조합과 계속 함께 갈 수 있을까

기업 입장에서 보면 원진연구소가 달갑지 않을 것이다. 그러니 대학 연구소에 용역을 주려고 할 것이다. 이럴 경우 노동조합이 나서서 원진연구소가 마저 사업을 마무리지을 수 있게 적극적으로 도와야 하는데 그렇지 않다. 노동조합과 오랫동안 동반자적 자세로 일했기에 그가 느끼는 실망감은 더 클 수밖에 없다. 대기업 노동조합에 대한 그의 문제의식을 단순하게 말하면 이렇게 정리될 수 있을 것 같다. 조금 더 들어보자.

"예를 들어, 발암물질조사사업을 제일 잘하는 사람들이 누굴까요? 우리 연구소에요. 자, 노동자들이 자기들의 조합비로 2,000만 원, 3,000만 원을 내서 일단 조사 사업을 했습니다, 회사의 도움 없이. 그래서 문제가 있다는 것을 밝혀내서 '제대로 조사하자'고 회사에 싸움을 겁니다. 그럼 당연히 우리 연구소가 들어가도록 싸움을 해야 하는 거잖아요. 그런데 막판에 회사가 '원진은 안 됩니다.' 하면 그만인 거예요. 얼마 전에 모 자동차 회사에서 7억인가를 들여서 조사 사업을 했지만, 노조에서 '이게 보고서냐, 뭐냐' 할 정도로 부실했어요. 우리는 적은 비용으로 대처방안까지 내놓는데. 그런데도 결국 우리 연구소가 들어가지 못했어요. 이건 우리 연구소 생존에는 굉장히 치명적입니다.

그 시간에 우리가 돈을 벌려고 생각했으면 아마 다른 일을 하면서 벌었겠지요. 우리도 운영해야 하잖아요. 노동조합이 우리를 선택하기 위해서 싸움을 하고, 현장에 우리가 들어가 정당한 대가를 받아서 조사 연구 일을 하고, 이러면 조합에게 좋은 결과를 주고, 연구소는 수익을 올리는데, 그런 모델이 불가능해진 거예요.

노동조합과 전적인 파트너십을 유지하는 것이 연구소 생존에 도움이 되지 않는다, 이렇게 일을 하면서 별도의 수익구조를 마련해야 한다, 그러면 이게 옳은 걸까. 왜 노동조합은 우리를 통해서 굉장히 큰일을 하면서 우리의 생존에는 관심이 없을까. 우리를 살리는 데는 관심이 없을까."

대규모 노동조합과 긴밀하게 협력하면서 연구 과제를 개발하고 운동

의제를 찾아내는 것이 어려워졌다는 인식을 하게 된 것은 몇 년 전부터였다. 노동조합도 노동운동도 변했고 사회도 조금씩 달라졌던 것이다. 그래서 이제는 새로운 동반자와 새로운 과제에 대해 더 많이 생각한다.

"그렇지만 더 작은 기업들, 건강한 노동조합이 있는 곳들은 노동조합이 회사를 설득합니다. 회사도 결국은 '화학물질 관리 이렇게 하니까 너무 좋습니다.' 이런 결론을 내리게 되고. 그래서 지금은 다양한 동반자, 새로운 관계를 많이 모색합니다. 이런 좋은 모델들을 더 많이 만들어서 더 전파하고, 더 많은 사업주들이 환경관리, 노동자 건강, 이런 쪽은 기본적으로 해야 하는 것이라는 생각을 더 많이 하게 하는 것이 중요한 과제인 거죠."

잊을 수도, 버릴 수도 없는 사람들

대기업 중심, 제조업 중심을 벗어나, 작은 기업, 건강한 노사 관계가 살아있는 기업, 지역 주민의 요구가 있는 곳 등 연구소가 일해야 할 곳은 사실 너무나 많다.

"점점 더 요구가 늘어나고 있는 부분이 있지요. 예를 들어, 지역 주민들의 요구, 제조업이 아닌 기타 산업, 서비스 산업이 커지기 시작했죠. 그래서 그런 쪽의 운동을 열심히 하다 보면 펀드가 결국 따라오는 경우가 많아요. 환경 쪽은 지역 역학조사를 하게 되는 일이 많고요. 지자체 주민들을 설득해서 연구소와 일을 해야겠다는 결정을 내리게 하는 일도 있지요. 성공 사례들이 제법 됩니다. 주민들도 필요하다면 적극적으로 나서서 요청해야 하는 게 옳은 거구요.

서비스연맹과 같이 했던 일들도 그런 거죠. 취약 부분을 평가하자고 적극적으로 나서서 요청했었지요. '우리를 더 필요로 하는 노동자들이 이렇게 많은데'라고 새롭게 생각하게 된 거잖아요. 의자 캠페인이나 환경미화원에게 씻을 수 있는 시설을 마련하도록 만든 것도 다 그렇게 일이 된 것이니까요.

어쨌든 저는 좀 더 힘이 없는 사람을 위해서 달려가고 있어요. 힘 있는 사람들이랑 하고 있을 때 안주하면, 언젠가는 이 세력도 낡은 세력이 되면서 결국은 지속성이 없어지는 걸 깨닫게 되었으니까요. 끊임없이 힘이 없는 사람들의 문제를 사회로 드러내는 것. 그게 연구소의 본분이라고 생각합니다. 우리가 굳이 모여서 살아가는 이유이기도 하고요."

힘없는 사람들 곁에서 그들의 문제를 사회에 드러내는 것, 힘 있는 사람들 곁에 서면 낡은 세력이 되기 쉽다는 것. 자신의 삶을 통해 이러한 생각을 그대로 실천하는 것은 참 어려울 것 같다. 그러나 김신범은 그 어려운 일을 꾸준히 하면서 연구소를 지켜온 것이다.

자신이 남다른 용기와 신념이 있었던 것은 아니라고 말했지만, 지켜보는 타인들에게는 그는 '대단한 사람'으로 보인다. 아버지가 목사였던 것처럼 그도 종교적 신념에 가까운 무엇이 있었던 것일까? 스스로는 그렇지 않다고 이야기한다.

"제가 대난한 용기가 있는 사람은 아니에요. 굉장히 비겁할 때도 되게 많고, 특히 겁이 많아요. 새로운 어려움에 처할 때마다 가슴이 콩닥콩닥 뛰어요. 너무 싫고 이것을 피하고 싶고, 버티거나 싸우지 못해 얼른 해결책을 내놓는 것으로 타협하곤 하는 성향도 싫고요. 그러나 제일 위로가 되었던 건, 아버지가 목사였으니까 성경책을 많이 봤는데, 예수도 마지막에는 도망가고 싶다고 얘기했던 게 제일 큰 위안이 되었어요.

저도 가끔은 궁금해요. 내가 어떻게 그런 결정을 계속 유지할 수 있었을까? 뭐, 그런 생각은 해요. 사람이 살면서 잊을 수 없는 것들이 있잖아요. 이를테면 중학교 때 내 친구가 공부를 그만두고 아버지 대신 일하러 갔던 기억, 판자촌에 살던 사람들에 대한 기억, 그리고 그 사람들이 손가락질 받을 만한 사람이 아니라는 것에 대한 확신, 그럼 도대체 누구의 책임이지, 하는 의문. 이런 것들이 아주 어렸을 때부터 단단하게 다져져 있었던 것 같아요. 그래서 최종적으로 어떤 두려움이 있는 상황, 선택의 상황이 왔을 때는 '이걸 버리고 갈 수는 없잖아?'라는 게 항상 기준이었던 것 같아요."

자신이 지켜야 할 사람, 꼭 옆에 있어야 할 사람 곁에서 살아야 한다는 것은 그를 세상에 보낸 첫 번째 지침이었고, 동시에 그가 지켜온 마지막 보루였다. 그를 '점점 더 나은 인간'이 되도록 하고, '괜찮은' 사람으로 살게 한 받침대였다.

그는 수많은 '성공한' 사업을 했던 연구자요, 활동가였다. 앞에서 이야기한 발암물질 관련 사업, 서비스 노동자들에게 의자를 놓아준 것도, 시간에 쫓기며 피자배달을 하느라 목숨을 걸지 않게 된 것도 그의 성공적 업적 가운데 하나이다. 그리고 한국통신 전자교환원으로 일하던 여성

발암물질에 대한 녹색교육을 실시한 후 어린 교육생이 그려 준 그림.

노동자가 앓고 있는 질환이 근골격계질환이고 이것이 이 분야 노동자의 직업병이라는 것을 의학적으로 밝혀내고 입증한 것도 역시 원진연구소였다. 이것들은 모두 사회적으로 큰 반향을 불러 일으켰고 관련법이 제정되어 이제는 모든 노동자가 이 계통의 질환을 혼자만의 질병으로 두지 않아도 되게 된 것들이다. 물론 김신범 자신은 자신의 성공적인 사업들에 대해 "실패하지 않을 일을 택하는 '영악함'이 내게 있는 것은 아닌지, 그리고 그 영악함이 내 자신에게 그리고 세상에 독이 되는 건 아닌지" 늘 의심하고 성찰했지만 말이다.

어쩌면, 김신범이 의심하고 성찰하며 혹은 "내가 없었으면 더 나은 조건으로 타결될 수 있지 않았을까?" 괴로워하면서 한발 한발 걸어온 덕에 그의 삶은 건강했고, 그의 연구소는 건재하며, 노동자의 건강과 안전은 나날이 진화했을 것이다. 그렇지 않다면 그의 말대로 어디선가 길을 잃고 엉뚱한 방향으로 흘러갔을지도 모를 일이다.

김신범은 원진노동환경건강연구소와 함께 했던 18년의 역사를 '이걸 버릴 수는 없잖아?'라는 말로 담담하게 정리했다. 힘없는 사람들이 요청하는 것을 외면할 수 없었다는 말이었다. 그에게 힘없는 사람들이란 아마도 왜 병이 들었는지 모르는 사람들일 것이다. 몸이 약하게 태어난 것이라고 생각하거나, 운이 없었다고 여기거나, 돈을 벌려면 어쩔 수 없는 일이라고 생각하는 사람들. 노동자는 안전한 환경에서 건강하게 일할 권리가 있다는 사실을 모르는 사람들. 사는 게 급해서 모를 수밖에 없는 사람들. 그런 사람들일 것이다. 그는 그들의 곁에서 평생을 보냈고, 앞으로 남은 생도 그들의 곁에 있을 것이다.

원진노동환경건강연구소

설립 18년이 된 노동환경건강연구소는 원진녹색병원과 함께 설립되었으며, 직업병, 산업재해, 노동자의 건강 관련 연구와 활동을 하는 연구소이다. 널리 알려져 있듯 원진녹색병원은 원진레이온 사건을 계기로 설립되었고, 이때 복지관과 함께 노동환경건강연구소도 만들어졌다. 원진레이온은 1960년대 중반에 세워진 비스코스 인견사 생산 공장으로, 비스코스 인견사는 생산 과정에서 신경 독가스의 원료로 쓰이는 이황화탄소와 황화수소가 배출된다. 이황화탄소와 황화수소에 장시간 노출된 사람은 신체 마비와 언어 장애, 기억력 감퇴, 정신이상, 성 불능, 신장 기능 장애 등의 질병을 앓게 되는데, 원진레이온의 경우 이러한 유해 물질로부터 노동자들을 보호할 시설을 갖추지 않고 있었다. 원진레이온의 노동자들은 자신이 앓고 있는 질병이 '몸이 튼튼하지 않아서' 혹은 '개인의 관리 잘못으로' 혹은 '무리해서 피곤하니까' 걸린 것이 아니라, 직업으로 인해서 더 나아가서는 산업구조 자체로 인해서 생긴 것이라는 사실을 차차 알게 되었고, 회사는 이들에게 보상을 했다. 물론 이 과정은 순조롭거나 쉽지 않았다. 원진의 노동자들과 의학, 법학, 사회학 분야의 전문가는 물론 사회운동가, 시민단체 활동가들이 연대하여 투쟁했기에 가능한 일이었다. 시민 사회운동의 역사에서 그리고 노동자건강운동의 역사에서 '원진레이온 싸움'은 지울 수 없는 자취를 남겼다. 이때 원진 노동자들이 직업병 판정을 받고 받았던 보상금이 원진녹색병원의 모태가 되었다. 병원 설립과 함께 노동자의 건강, 직업병, 산업재해 등을 체계적으로 조사하는 연구소, 노동환경건강연구소가 설립되었다. 김신범의 생애는 사실 이 연구소의 성장 과정과 떼려야 뗄 수 없는 인연을 갖고 있다.

김신범 약력

1970년 서울 출생

1989년 서울대학교 수의학과 입학. 학생운동 시작

1995년 서울대학교 보건대학원 환경보건학과 산업보건전공 석사과정 입학

1995년~97년 공익근무

1997년 대학원 복학. 한국방송통신대학교 보건위생학과(현 환경보건학과) 조교

1999년 6월 노동환경건강연구소 입사

2001년 서울지역 일반노동조합 조합원 가입

2002년 노동환경건강연구소 〈노동안전보건교육센터〉 실장 임명

2003년~04년 LG정유 유해물질 조사사업. 학습지노동자 건강실태 조사사업

2004년~05년 화학섬유연맹 '노동안전보건지도위원' 양성 프로그램 운영

여수산단 '유해물질 조사와 화학사고 대응을 위한 노동자 사업단' 운영

『노동자가 사용하는 사고조사 매뉴얼』 개발

2005년 국정감사와 정부정책 감시에 대한 체계적 대응을 목표로 '노동과건강포럼' 설립. 산업재해통계제도 개선. 석유화학산업 노동자 보호를 위한 단기간 노출기준 제정 의제화

2006년 '노동과 건강 포럼' 산재보험 제도 개선 의제화. 민주노총 노동안전보건위원회 노동안전보건위원 임명. 일과성뇌허혈 발작으로 쓰러졌다가 회복

2007년 민주노총 취약노동분과 책임 맡음(서비스 여성노동자 문제를 첫 주제로 잡음). 서비스연맹 여성노동자 실태 연구 수행. 금속노조 '노동안전보건 실태조사' 및 '단체협약 분석' 수행

2008년 '서서 일하는 노동자에게 의자를' 캠페인. 금속노조 '100인 이하 지회 노동안전보

건 활동 지원 프로그램' 운영. 노동환경건강연구소 산업위생실장(현 화학물질센터 실장) 임명

2009년 민주노총 취약노동분과 2차 사업으로 '환경미화원 안전보건 실태조사' 추진

서비스연맹 '명예산업안전감독관' 양성

'발암물질감시네트워크' 만들고 발암물질 목록 작성을 위한 전문가 위원회 운영

2010년 '환경미화원에게 씻을 권리를' 캠페인

'발암물질목록 1.0' 발표. 금속노조 발암물질 실태조사

2011년 '30분 피자배달제 폐지' 캠페인. 금속노조 발암물질 실태조사 결과 발표 및 노동자와 소비자가 함께 하는 건강한 자동차 만들기 운동 제안. 대우조선 발암물질 실태 조사. '발암물질감시네트워크'를 '발암물질 없는 사회 만들기 국민행동'으로 확대 재편. 캠프캐롤 주한미군기지 '고엽제 매립사건' 조사 참여. 고용노동부 '화학물질 유해성 평가 실무위원회' 위원 임명

2012년 타타대우상용차 '독성물질 없는 사업장' 노사 공동선언. '금속가공유 유해물질 가이드라인 협약' 체결. 철강산업 발암물질 조사. 구미 불산누출사고 조사 및 대응. 서울시 환경보건정책 수립 지원

2013년 금속노조 경주지부 발암물질 실태 조사 추진 및 노사공동 '고독성물질 저감 선언'

환경부 '화학물질의 등록 및 평가 등에 관한 법률(화평법)' 제정에 대한 노동시민사회 대책 마련. 발암물질 없는 군산 만들기 운동 지원. 울산 매곡산단 '발암물질 없는 산단 만들기' 사업 추진. 서울시 환경보건정책 로드맵 연구 참여

2013년~14년 환경부 '화평법 하위법령 제정 협의체'와 '화관법 하위법령 제정 협의체'에 노동시민사회단체 대표로 참여

2014년 『금속가공유 유해물질 저감 보고서』 출간. '발암물질 없는 울산 만들기' 운동 지원. 경주지역 고독성물질 저감을 위한 실무협의체 운영. '지역사회알권리법' 실

태 파악 위해 환경부와 미국 방문. 현대자동차 '발암물질 사용 이력조사 연구' 수행. '송파 세 모녀 추모제' 추진. 『모두를 위한 마을은 없다』 출간(공저)

2015년 '독성물질 없는 사회' 비전 수립을 위한 노동시민사회 공부모임 운영

정부의 화평법과 화관법 기본계획에 대한 노동시민사회 공동요구안 작성

환경부 화학물질평가위원회, 화학물질관리위원회 위원 임명

환경부의 화학물질 정보공개 가이드라인 제정 협의

금속노조 경주지부 2차 발암물질 실태조사사업 추진

2016년 '국회 가습기살균제국정조사특별위원회' 예비조사전문위원으로 참여. '수원시 화학사고관리위원회'발족 및 부위원장 임명. '지역사회 화학사고대비체계 연구' 수행. 화학물질로부터 안전한 사회를 위한 국민선언 추진. 활동가를 위한 2016 화학물질 겨울학교 운영

2017년 노동환경건강연구소 부소장. '발암물질 없는 사회 만들기 국민행동' 운영위원장. 평택, 양산, 광주광산구, 인천서구 화학사고대비체계 구축 지원. 〈생활화학제품 전성분 공개 가이드라인〉 연구 수행. 「화학물질, 비밀은 위험하다」 출판. 국회 '화학물질유해성분류표준화 연구모임' 운영. 활동가를 위한 2017 화학물질 겨울학교 운영

박 세 민

민주노총 전국금속노동조합 노동안전보건실장

보건

박세민은 1993년 산업안전보건운동을 시작한 이후 25년째 노동자 건강권을 위해 활동하고 있다. 무역학을 전공했지만 학교보다는 거리에서 세상을 배운 시간이 더 많았고, 고향인 태백 산골을 사랑한다. 대학 졸업 후 안산공단에서 철제공장 노동자로 일하며 노동조합 조직 활동을 했고, 군 제대 이후인 1993년에 인천의 노동자 건강 상담실인 '인천산업사회보건연구회'의 창립 실무자로 일하면서 산업안전보건 운동에 눈을 뜨게 되었다. 이후 1998년 '민주노총 인천본부' 산업안전보건국을 거쳐 17년째 일하고 있는 '전국금속노동조합' 노동안전보건실까지 줄곧 안전보건운동 영역에서 법과 정책 분야의 굵직한 활동들을 해왔고, 현장과 그 길을 함께 걸었다. 운동현장의 최일선에서 활동해온 만큼 지난 시간 그가 걸어온 길 곳곳에는 우리나라 산업안전보건 역사의 변곡점들이 그대로 녹아있다. 노동조합 조직운동의 성장과 함께 활발하게 전개되기 시작한 초기 산재추방운동부터 지역민간단체와 중소사업장 노조들로 본격화 된 산업안전보건운동, 금속산업 대규모 노조들이 중심이 된 제도개선과 법 개정 활동, 시민 생활 영역과 함께 시작한 유해화학물질로부터 안전한 일터 만들기 운동 등 산업안전보건 운동의 모든 흐름 속에 그가 있다. 박세민은 우리나라 최대 산별노조인 민주노총 금속노동조합에서 노동조합의 조직력을 바탕으로 노동안전보건 관련 법과 제도들이 실제 현장에서 실현될 수 있도록 노력하며 새로운 건강 이슈를 발굴하고, 건강한 일터를 만들기 위한 대안을 실험하고 있다. 운동하기 어려운 척박한 현실에서 그는 '종합예술가'로 살고 있다고 자평한다. 노동자 건강에 대한 인식 높이기, 재해 예방활동, 교육, 홍보, 상담, 산재보상 신청서 작성, 안전보건 활동가 육성, 직업병 연구, 현안에 대한 집회와 투쟁, 법제도의 개선과 정책 대응 활동까지 여러 가지의 일을 모두 해내며 살고 있기 때문이다.

숲과 탄광이 있던 내 고향 태백

박세민에게 고향 강원도 태백은 '사람을 품어주는 자연이 있는 곳'이다. 그는 1968년 산림계 업무와 농사를 함께 했던 아버지와 초등학교 교사였던 어머니 사이에서 2남 3녀 중 막내로 태어나 고등학교를 졸업할 때까지 태백에서 자랐다. 마을의 산과 계곡에서 뛰어놀며 친구들과 천렵과 전쟁놀이를 많이 했다. 되돌아 생각해보면 이러한 놀이를 하면서 알게 모르게 사회의 질서를 배웠던 것 같다. 여름엔 나뭇가지로, 겨울엔 눈으로 지은 서로의 아지트를 빼앗는 놀이를 하면서 아이들은 자신들의 성을 지키기 위해 역할을 나누고, 서로 간 지켜야 할 질서를 만들었다.

초등학교를 일찍 입학한 탓에 박세민은 동급생들보다 나이가 한두 살 어리고 덩치가 작았다. 얼굴도 고운 편이어서 중학교에 입학하고는 학교 깡패들에게 괴롭힘을 당하기도 했다. 집 앞 버드나무에 샌드백을 매달아 두고 발차기 단련을 하고 무술서적을 읽으며 싸움 실력을 키웠고, 몇 차례 싸움을 거친 후에는 더 이상 학교 깡패들이 괴롭히지 않았다.

태백에 사는 아이들은 중학생 정도가 되면 밭에 뽑아 놓은 배추를 트럭으로 옮겨주는 일을 돕고 용돈을 벌었다. 농사일을 할 수 있는 정도가 되면 아이들은 성인 취급을 받았다. 새벽에 일어나 등교 전까지 지게질로 배추를 나르고 받는 돈이 4.5톤 트럭 1대(지게 50~70회 분량)당 1만 원이었는데, 1980년대 초의 노동자 하루 임금이 3천 원 정도의 수준이었음을 감안하면 상당히 후한 액수였다. 욕심을 내 4.5톤 트럭 두 대의 작업을 마치고 버스를 타고 시내에 있는 학교에 가면 30분씩 지각하곤 했다.

태백은 한국 산업근대화의 토대가 된 석탄을 생산했던 지역이다. 배추, 무, 감자나 옥수수와 같은 고랭지 농작물을 재배했던 농민들을 제외하고는 대부분의 부모들이 광산에서 일을 했다. 가스 누출과 폭발로 인한 매몰사고가 매년 몇 차례씩 생기는 광산은 인생 막장이라고 불리던 일터였다. 봄이 되면 학급 친구들이 단체로 결석을 하곤 했다. 처음에는 친구들이 왜 그렇게 결석하는지 이유를 알지 못했다. 친구들이 결석하는 날은 광산에서 파업투쟁이 있는 날이었다. 광산에서 임금투쟁과 파업이 시작되면 친구들은 학교에 올 수 없었다. 어머니들이 학교에 가는 것을 막았기 때문이다.

"파업은 광산을 멈추게 하였고, (학교)수업을 멈추게 하였고, 지역을 흔들었어요. 지금 생각하면 아이들 등교조차 허락하지 않은 엄마들의 결단은 광산회사의 폭력과 공작에 맞서서 한 치의 흔들림 없이 싸운다는 것을 스스로 결의한 상징 같은 것이 아니었던가 싶어요."

광산마을에서 벌어진 임금투쟁과 파업에 가장 결연하게 나선 사람들은 어머니들이었다. 광산회사의 해고 협박에 마음이 약해진 아버지들이 출근버스에 오르려 하면 어머니들이 "우리를 깔아뭉개고 가라"며 목숨을 걸고 버스 앞에 드러누우며 파업투쟁을 지켰다. "임금을 인상하라, 안전사고 대책을 마련하라", "목숨을 걸고 일하는데 먹고는 살아야 하는 게 아닌가"라는 것이 자녀들의 등교까지 거부하며 파업에 나선 어머니들의 외침이었다. 수십 년간 탄광에서 일해 왔던 광부들은 이후 진폐증, 만성폐쇄성질환, 레이노 증후군 등의 직업병을 앓게 된다.

수입소와 농촌의 몰락

1982년 전두환 정부는 '복합영농'이라는 축산영농 진흥정책을 실시했다. 이른바 선진국형 농업을 지향하며 정부가 농민에게 목축업에 필요한 자금을 대출해 주고 목축 등으로 농촌 소득을 다변화하겠다는 정책이었다. 이 정책으로 농촌 곳곳은 소 사육 꿈에 부풀었다. 박세민의 집도 예외가 아니어서 그의 아버지도 돈을 안정되게 벌어 자식들을 잘 교육시키겠다는 일념으로 소 사육에 뛰어들었다. 농민들은 너나 할 것 없이 소 사육과 목장 초지 조성에 나섰다.

"방과 후와 주말, 방학이면 목장 초지를 만들고 소를 키우는 일에 나서야 했어요. 여러 곳의 산에 심어져 있던 나무를 베고 불을 지르고 소들이 잘 수 있는 축사를 짓는 것을 도와야 했지요. (소값이 올라) 당시 육우 송아지 한 마리 값이 암소가 120만 원, 수소가 100만 원이었고, 젖소는 200만 원가량 되었던 걸로 기억해요. 우리집에서는 육우 30마리, 젖소 10마리 정도를 사육했어요."

외국 송아지를 수입해 농민들에게 팔았던 최대 소 수입업자는 전두환 전 대통령의 동생인 당시 새마을운동협회 중앙본부 회장 전경환 씨였다. 그가 소 수입권을 장악해 2,000억 원을 삽시간에 벌었다는 소문이 파다했다. 삼양라면 한 봉지가 100원, 백반정식이 400원 하던 시절임을 생각하면 당시의 소 사육 열풍이 얼마나 대단했는지 알 수 있다.

정부는 농협을 통해 3년간 이자 면제를 조건으로 대출해주었고, 농민들은 이 기간 동안 송아지를 사육해서 시장에 팔아 대출 빚을 갚겠다는 계획을 세웠다. 그러나 이런 '장밋빛 꿈'은 1년이 채 가지 못했다. 80년대 소 파동이 시작되면서 비싸게 구입한 소값이 '똥값'으로 떨어진 것이다. 농가에서 한두 마리의 소를 키우던 전통적인 한우 사육과 달리 수입소 축산업은 일반 농가를 순식간에 빚더미에 올려놓는 사업이었다.

"(기존 농가에서 전통적 사육방식과 달리) 축산은 다른 개념일 수밖에 없었어요. 외국산 육우를 수십 마리만 키워도 소가 하루에 먹어야 하는 양이 엄청났기 때문에 농가에서는 집과 땅, 산을 담보로 농협 빚을 내서 축사를 짓고 외국산 소 먹이용 잔디를 심어서 목장 초지를 만들고, 농협에서 외상으로 비싼 사료를 사 먹여야 했어요. 여기에 들어가는 인건비가 엄청났고, 외국산 소는 병약해서 새끼도 혼자 힘으로 낳지 못했죠. 수시로 수의사를 부르고 출장비와 약값을 대면 소값, 목초지 조성 비용, 여물값, 사료값, 의료비 해서 단박에 엄청난 빚더미에 올라앉을 수밖에 없었어요."

"새끼 치듯 불어나는" 농가부채에 못 이겨 제초제를 마시고 목숨을 끊는 농민이 속출했고, 박세민의 집 역시 급격하게 불어난 농협 빚을 감당해낼 수가 없어서 담보로 제공했던 산과 밭을 헐값에 빼앗겨야 했다. 전국 각지에서 쏟아진 부동산 매물로 많은 땅들이 헐값으로 투기꾼들에게 팔렸다. 이때의 경험은 이후 그가 학생운동을 시작하게 된 근본적인 배경이 되었다.

노래 때문에 다른 세상을 접하다

1986년 박세민은 대학에 입학했다. 무역학이 전공이었다. 한창 교정에 연두빛이 짙어지던 4월, 수업에 들어가던 그의 가슴을 파고드는 노랫소리가 들렸다. 단조풍의 경음악이었는데, 노래를 좋아했던 그는 홀린 듯 발걸음을 멈추고 귀를 기울였다. 며칠 후 강의실 한쪽에서 과 동기들이 들고 있던 유인물을 보고 그 노래의 제목이 '임을 위한 행진곡'이었음을 알았다. 악보를 두고, "좀 보자", "넌 알거 없다"는 식의 시비 끝에 몸싸움을 했고, 이 몸싸움이 계기가 되어 운동권 선배를 소개받았다.

선배를 통하여 1980년 광주학살의 기록을 담은『죽음을 넘어 시대의 어둠을 넘어』,『잠들지 않는 남도』,『전태일 평전』 등의 책을 소개받아 함께 읽고 토론하였다. 토론이 거듭되며 20년을 사는 동안 납득되지 않았던 현실문제들을 명확히 깨닫기 시작하면서 학생운동에 발을 디뎠다.

박세민은 자신의 대학시절에 대해 "격변기였던 1988년까지 매일 길거리에서 시위를 하고 세미나를 하면서 대학시절을 보냈다"고 말한다. 노래실력을 살려서 '어울소래'라는 운동권 노래패 활동도 했다. 대학시절 그의 관심은 오로지 "사회의 완전한 변혁, 그리고 변혁의 주체는 누가 되어야 하는지"에 대한 것이었고, 그는 노동자와 노동현장에 그 해답이 있다고 믿었다.

당시 많은 대학생들이 여름에는 '농민학생연대활동(이하 농활)', 겨울에는 '공장 현장활동(이하 공활)'을 했다. 학생운동을 하며 '바꿔나가야 할 부조리한 현실'을 알게 되었다면, 농촌과 공장의 삶의 현장에서는 "우리 부모들이 어떤 위험에 노출되며 일하고 있는지"를 볼 수 있었다. 특히 공활에서 경험한 노동환경은 아주 열악했다. 12시간 맞교대 작업은 기본이었고, 야간에 졸면서 일하다 손목이 잘리는 사고를 당하는 경우도 빈번하게 일어났다. 대학 졸업 무렵, 박세민은 현장 이전팀에 들어갔다. 현장 이전팀은 학생운동가들이 직업운동가, 활동가로서 노동운동을 준비하는 조직이었다. 1991년 대학을 졸업하며 그는 안산 반월공단에 취직하여 노동운동을 이어갔다.

우리는 돼지새끼가 아니다

박세민이 일했던 안산의 공장은 건설공사에 쓰이는 배수로용 철제 스탠드를 생산하는 공장으로 120~130명 정도의 노동자가 일하는 곳이었다. 기계가 사각형의 큰 쇠틀을 찍어내면 노동자들이 이를 절단기로 잘라 용접, 그라인딩, 도금작업을 해서 제품을 출하시켰다. 그는 쇠를 재단하고 절단기로 잘라 넘기는 공정에서 일했다.

당시는 지금보다 더욱 일하는 사람의 건강과 안전 문제에 대해 관심이 낮았다. 12시간 교대근무로 몸에는 피로가 쌓였고, 쇠 절단과 그라인딩, 용접작업에서 발생하는 소음과 쇳가루를 막아주는 보호 장비도 없었다. 날이 추워지면 야간 근무에 들어간 공장 노동자들은 따뜻하게 밀폐되어 있는 도금공장 안에 들어가 토막잠을 잤다. 도금공장 안에는 도금 증기가 펑펑 나오고 있었지만 다들 "좀 찝찝하다"고 생각할 뿐 이것이 얼마나 유해한지 알지 못했다.

"저 역시도 그랬는데 당시에는 부상 사고에는 조금 신경을 썼지만, 건강, 소음, 쇳가루 문제 같은 것들에 대한 생각은 없었어요. 쇠를 용접하고 자르는 소리가 엄청나게 심하거든요. 측정하면 120~30dB 정도 나왔을 거예요. 하지만 귀마개만 줬고, 환기장치나 그런 건 없었고요. 작업이 끝나면 빗자루로 한 양동이씩 쓸어내서 버려야 할 정도로 쇳가루가 심했던 상황이었는데, 마스크도 안 주니까 면 마스크를 두 겹 쓰거나 뭐 이렇게 일했지요. (중략) 겨울이 되면 도금공장 안이 온도가 맞아야 도금이 잘 되거든, 그래서 거의 작업장이 밀폐되어 있어요. 지금은 통제되어서 그렇게 못하는데, 새벽 2시 경까지 작업을 하면 3시간 정도 잠을 자는 시간이 있었거든요. 그때 어딘가에서 자야 되는데 밖은 찬바람 쌩쌩 불고 추우니까 도금 증기가 막 펑펑 나오는 도금공장 안에 사람들이 들어가서 자고 그랬어요."

눈에 보이지 않는 건강, "손이 잘리거나 피가 튀지" 않는 일은 누구의 관심도 끌지 못했다. 작업장의 높은 소음으로 난청이 생겨도 소음발생 원인을 제거하거나 원인으로부터 벗어나지 않는 한 난청으로부터 자유로울 수가 없다. 즉 회사가 대책을 세우지 않으면 그 현장에서 일하기가 어렵지만 회사 차원의 대책은 없고 노동자들은 일하다 쓰러지지 않는 한 웬만한 병은 그냥 넘기기 일쑤였다.

공장에서 일한 지 오래지 않아 그는 컨베이어를 타고 밀려오는 철판을 피하지 못하고 허리가 기계와 철판 사이에 끼이는 사고를 당했다. 젊은 나이여서인지 부상은 참을 만했다. 당시 위장취업을 한 신분이어서 적극적으로 산재 처리를 할 생각을 하지 못했지만 그것이 아니라 해도 그 역시 노동자들이 겪는 안전보건 상의 문제와 사고 대응에 대한 구체적인 고민을 하지 못했다. 허리 부상은 이후 악화되어 그의 인생에 적지 않은 영향을 미쳤다. 지금도 노숙농성을 하거나 무리를 하면 다친 허리의 상태가 악화되어 며칠간 누워 있어야 할 정도가 됐다.

"위장취업인데 산재 받겠다고 했다가 들통이 나면 다 깨지는 거니까. 참고 그냥 일하지 뭐 했는데, 그땐 젊어가지고 뭐, 괜찮더라구요. 대체적으로들 그렇지, 지금도 조직되어 있지 않은 영세사업장 노동자들은 그런 (산재 처리를 쉽게 하지 못하는) 상황이라고 봐야 돼요."

공장에서 그는 '관념'과 '현장'의 차이를 경험했다. 학생운동을 하며 그가 생각한 노동운동의 이상과 현장노동자들의 상황은 달랐다. 12시간 교대근무로 극도로 피곤한 몸은 함께 어울릴 여유를 만들어 주지 못했다. 기껏해야 저녁시간에 잠깐 나가 공장 근처 컨테이너 박스나 함바집에서 소주 한 컵, 계란 한 개씩 나누어 삼키고 오는 정도가 누릴 수 있는 여유었다. 근무가 끝나면 다들 피곤한 몸을 이끌며 퇴근버스를 타고 집에 가기 바빴다. 노동자들에게 가장 중요한 것은 '먹고 사는' 문제였다.

그가 일했던 공장은 이전에 이미 노동조합 조직이 두 번이나 실패했던 곳이었다. 공장이 사내도급인 '소사장제'라는 노무관리 방식을 시작하며 노동자들이 하나둘 개별사업주 신분이 되었다. 노무관리에 일찍 눈을 뜬 '눈치 빠른' 사업장들은 이미 1990년대 초 소사장제로 노동유연화와 구조조정을 시작하고 있었다.

하지만 이런 상황에서도 노동자들이 힘을 합치게 된 사건이 벌어졌다. 이른바 '밥 내놔라 싸움'이었다. 12시간 맞교대를 하면서 먹는 저녁

밥으로 300원짜리 사발면과 먹다 남은 찬밥을 먹으라고 내놓자 쌓여있던 불만이 폭발했다. “우리가 돼지 새끼도 아니고 어떻게 눌은 밥, 탄 밥을 먹으며 밤일을 하느냐, 밥 못 먹겠다.”며 들고 일어났다. 이 싸움을 계기로 젊은 노동자들이 노동조합 조직에 적극적으로 나서기 시작했다.

당시 공단에 들어온 활동가들은 근무가 없는 일요일에 공장 상황을 공유하고 공부하는 학습모임을 가지고 있었는데, 이 모임에 노동조합 조직에 관심을 가진 노동자들도 함께 참여하기 시작했다. 박세민이 공장에서 사귄 동료도 이 모임에 함께 했다. 노동조합 설립 움직임이 본격화되고 설립 신고만을 남겨두었을 무렵 사측에 정보가 새어나갔고, 노동조합 설립은 다시 실패했다. 회사는 주도적으로 활동한 사람들에게 소사장 직을 떼어 주고 회유하여 노동조합을 와해시켰다. 노동자들은 “현재보다 두 배, 세 배의 돈을 벌 수 있다.”는 기대를 주는 소사장제를 거부하지 못했다. 학습모임을 함께 했던 동료 역시 “가족을 돌봐야 한다. 공장도, 일도 그대로이니 소사장으로 넘어가더라도 함께 하자”는 말로 도리어 그를 설득하며 소사장을 선택했다.

소사장제가 널리 퍼지기 전이었던 당시는 일한 만큼 돈을 벌 수 있다는 소사장제의 원리에 다른 이면이 있음을 알기 어려웠다. 소사장제가 널리 퍼진 이후에야 사내 하도급 간의 경쟁으로 인한 ‘작업 단가 하락’과 낮은 작업 단가를 맞추기 위한 ‘노동 강도 강화’가 바로 소사장제의 노림수라는 것이 알려지게 되었다.

“그때 소사장으로 갔던 사람들도 전체적으로 모두 소사장이 되어 버리면 말 그대로 작업 단가만 떨어지고, 일을 뼈 빠지게 하더라도 결국 자기 몸 축난 만큼 밖에 더 받지 못한다는 걸 자각하지 못 했던 거고. 수주가 떨어지면 하루아침에 손가락 빨고 있을 거라는 것도 제대로 자각할 수 없었던 시점이었으니까요."

공장 노동자의 60%가 소사장제로 넘어가면서 노동조합의 주력이 되어 줄 젊은 노동자들이 사실상 남지 않게 되었다. 박세민은 공장에서 희망을 찾을 수 없었다. 또한 공장에서 일하는 동안 입영기피가 되어 있던 상황이었기 때문에 군 문제를 해결한 뒤 되돌아오자는 마음으로 공장에 사직서를 내고 군에 입대했다.

우리 모임이 반국가단체라고?

1992년 군 입대 4개월 만에 박세민은 영문도 모른 채 반국가단체를 조직했다는 혐의로 체포됐다. 안산공단에서 함께 학습모임을 했던 친구 중 하나가 사측 관리자에게 격하게 항의한 것이 계기가 되어 그들이 꾸렸던 학습모임이 발각된 것이다. 경찰은 이 모임에 '안산지역 민주노동자 투쟁 동맹'이라는 이름을 붙여서 반국가단체 조직사건으로 엮었다. 14대 대통령 선거를 앞두고 있던 당시에는 정치적 목적을 지닌 노동운동 탄압과 용공조작 사건이 많았다.

체포될 당시 그는 부산에 있는 육군기술병과학교에서 행정병 훈련을 받고 있었다. 학교장 호출을 받고 도착한 교장실에서 눈이 가려지고 수갑이 채워진 채 서울 기무사령부로 끌려갔다.

그의 죄목은 안산지역 여러 공장에서 사람들에게 노동법을 학습시켰다는 것이었다. 신문을 받는 동안 잠을 못 자게 하고, 모포를 씌워서 때리는 일이 다반사였다. 먼저 체포된 친구들에 의해 이미 진술서와 시나리오가 완성되어 있었다. '살아서 나가기 위해' 그들의 구미에 맞는 '소설'을 써야 하는 상황이었다. 완강히 버티었고, 고문을 받고 깨어 보니 그들에 의해 이미 진술서가 작성되어 있었다.

"다른 조직 사건을 만들고 싶었던 거죠. 안산지역 노동조직을 다 털었으니까 이제 학생조직을 털고 싶었던 거예요. 나를 학생 때 사건으로 엮고 싶었던 거죠. 진술서를 어떻게 쓰라고 그러냐면 (기억도 나지 않는) 24시간 중 12시간을 복원하라 그래요. 구미에 맞게 소설을 써줘야 되는 거지. (중략) 하도 안 부니까, 때려도 안 되고 안 부니까, '에이 그만하자' 그러면서 야식을 주기 시작하더라고요. 야식을 먹고 난 다음부터는 기억이 없어요. 뭔가 약에 취했던 거 같아. 정신이 들고 보니 진술서는 나와 있어."

맞고 고문당하는 과정에서 공장에서 다친 허리가 더 나빠졌다. 좋지 않은 몸으로 군 영창 내의 인권 침해에 항의하는 싸움에도 참여했다. 군 영창의 수감자들은 잠자는 시간을 제외하고 하루 종일 정좌를 하고 있어야 했는데, 50분 정좌 후에 10분의 휴식시간을 주는 것이 규칙임에도 수감자에게 휴식시간은 커녕 화장실도 보내주지 않는 일이 많았고, 수감자에 대한 폭행이 비일비재했다. 영창에 있던 정치범들은 이러한 인권 침해에 항의하며 성좌와 단식운동을 벌였다.

박세민은 버티기의 대가로 기무사, 공수특전단, 51사단, 수도군단,

육군교도소 등 군 영창 다섯 곳에 돌아가며 수용되면서 나중에는 다리를 질질 끌고 다녀야 할 정도로 건강이 나빠졌다. 그럼에도 "정신은 팔팔해서" 이적단체 구성죄목으로 10개월 형을 선고받아 대전교도소로 이감하는 호송차에서 내리자마자 "국가보안법 폐지하라"는 구호를 외치고 독방에 며칠간 감금되기도 했다.

그가 수감된 대전교도소에는 많은 수의 정치범들이 집단적으로 수감되어 있었다. 학생운동이나 노동운동을 했던 정치범 60여 명, 비전향 장기수 50여 명이 3개 동에 수감되어 있었는데, 비교적 생활이 자유로워서 수감기간 동안 다른 정치범들과 방을 오가며 토론과 세미나를 하거나 족구를 하면서 시간을 보냈다.

비전향 장기수 중에는 침을 잘 놓는 사람들이 있어서 이들에게 다친 허리를 치료받기도 했다. 이들은 70년대 대대적인 '전향 작업'을 겪으면서 교정 당국에 의해 육체적으로 많은 폭력을 당했고, 그 과정에서 죽지 않고 살기 위해 철사를 갈아 스스로 침을 놓으며 수십 년간 독학을 하다 보니 거의 침술의 도인이 되어 있었다. 이들 덕분에 교도소를 나올 때쯤에는 망가졌던 허리가 족구를 할 수 있을 정도까지 회복되었다.

산업재해 상담을 시작하다

감옥에서 나온 후 고향 태백에서 몸을 추스리며 미래를 고민했다. 몸이 얼마나 버티는지 보기 위해 농사일을 거들어 봤지만 다친 허리로는 2시간 이상의 반복적인 일을 할 수 없었기 때문에 육체노동을 하지 않고 할 수 있는 일을 찾아야 했다. 고향에 있고 싶어 지역에서 할 일을 찾았다.

태백은 광산노조운동의 영향을 받아 정치적으로 진보성향이 높은 곳이다. 80년대 중반부터 석탄사업 합리화 조치로 많은 탄광이 폐허가 된 이후에도 무소속 노동자 출신 국회의원 후보를 당선시킬 정도의 지역적 분위기가 얼마간 이어졌다. 하지만 태백지역 진보 정치운동단체들이 지지했던 국회의원 후보가 1992년 '이선실 간첩단 사건'에 연루되면서 태백지역 사회운동이 완전히 초토화됐다. 다른 곳에서 일을 찾을 수밖에 없었다. 그러던 중 한 선배로부터 '인천산업사회보건연구회'에서 사람을 구한다는 소식을 들었다. 그에게 '산업안전보건'은 새로운 영역이었다. '인천산업사회보건연구회'에 이력서를 내고 면접을 거치면서 '문송면 군 수은중독 사망사건'이나 '원진레이온 이황화탄소 중독사건' 등 안전보건 영역에서 중요한 사건에 대해 처음 들었을 정도였다. 그는 1993년 '인천산업사회보건연구회'의 실무자로서 산업안전보건 활동에 첫 발을 디뎠다.

"이력서를 낼 때 얼마나 웃겼냐면, 면접 가니까 첫 마디가 혹시 문송면 군 사건을 아느냐고 물어봐요, 난 한 번도 못 들어봤는데. 못 들어봤다고 그러니까, 그러면 원진레이온 이황화탄소 중독 건은 알고 있겠네요. 그래서 그것도 잘 모르겠다고. (웃음)"

1988년 '문송면 군 수은중독 사망사건'은 한국사회에 큰 파장을 일으키며 직업병 문제를 쟁점화 시킨 사건이었다. 당시 중학교 3학년이었던 문송면은 산업체 야간공고 진학을 위해 고향 충청남도 서산을 떠나 영등포에 있는 온도계·압력계 제조업체인 협성계공에 입사했다. 공장에서 신나와 수은 주입 작업을 시작한 지 한 달도 되지 않아 문송면은 원인을

문송면 산업재해 노동자장.

알 수 없이 앓다가 다음 해 7월에 사망했다. 왜 몸이 쑤시고 머리가 아픈지, 경련을 일으키며 쓰러지는지에 대해 어느 병원을 가 보아도 답을 얻을 수 없었다. 가족들은 '귀신을 쫓기 위해' 굿까지 했다.

마지막이라고 생각한 서울대병원에 가서야 환자의 직업을 보고 수은과 유기용제 중독이라는 진단명이 나왔다. 그 동안의 진찰과정에서는 어떤 의사도 환자의 직업을 물어보지 않았고, 발병 원인 탐색 시 환자의 직업이 고려되지 않았던 것이다. 노동부는 병원이 사업주의 날인 없이 직업병을 진단했다는 이유로 요양신청서를 반려하다가 문송면 군의 사망 며칠 전에야 산업재해를 인정했다.

문송면 군이 사망한 1988년은 서울올림픽과 노동자 대투쟁이 함께 있었던 시기였다. 연평균 경제성장률은 12~13%에 이르렀지만 노동자의 실질임금은 지속적으로 하락하고 있었고, 장시간 노동, 높은 노동 강도, 열악한 작업환경으로 인한 산업재해가 빈발했다. 문송면 군 역시 환기장치도 설치되지 않은 작은 작업장에서 낮에는 일하고 밤에는 잠을 잤다. 노동자 건강문제에 대해서 누구도 심각하게 생각하지 않았던 "먹고 살 수 있다면 모든 것이 용서되는" 시절에는 "벌어먹으며 사는 과정에서 다치고 병드는 것"은 노동자 자신이 감내해야 할 일이었다.

'인천산업사회보건연구회'는 1988년 '문송면 군 사망사건'이 계기가 되어 노동자 건강과 작업환경 문제에 눈을 뜨게 된 보건의료인들이 1993년에 만든 단체였다. 문송면 군 사건 이후 각 지역에 노동자 건강상담실이 생겨났고, 인천에서는 평화의원, 푸른치과, 인천의원, 인천치과 상담실 등이 산업재해 상담과 노동자 건강 운동을 하고 있었다. 이들 상담실에서 활동했던 보건의료인들과 활동가들이 모여서 인천 백운역 근처 열 평 남짓한 공간에 '인천산업사회보건연구회'를 출범시켰다.

쏟아지는 산업재해 상담들

'인천산업사회보건연구회'에서 박세민은 산업재해 상담과 예방교육, 노동자 연대활동을 벌였다. 선임 활동가들은 이전부터 안전보건운동을 해오며 산재 상담과 처리에 대한 경험과 전문성을 가진 사람들이었다. 이들은 이러한 경험과 지식을 노동조합 등에 전수하고 지원하고 있었다. 박세민은 그들로부터 지식과 경험 외에도 자율과 존중을 배웠다.

"활동가들은 조직의 분위기에서 배우고 성장하는 것이 있어요. 전문적인 지식을 가르쳐 주기보다는 자유방임형으로 풀어 놓았었구요. 워낙 인품들이 좋으셨죠. 말 그대로 자율적으로 일할 수 있게끔 배려를 해 줬고, 내 판단에 대해서 존중해 주었고. (중략) 찾아보고, 공부하고, 실제로 부딪히고, 고민하고 등등 활동가로서 필요한 것들은 거기에서 다 배웠어요. 이를테면 상담자들을 대하는 것이나 책임 있게 일 처리하는 것이나 모두 선임 활동가 누님들을 보면서 많이 배웠지요."

그가 주요하게 한 일은 산업재해 상담이었다. 이와 함께 거리집회와 캠페인을 통해 산업재해 상담을 독려하는 활동도 함께 진행했다. 조옥화 대표, 이원숙 상담실장, 박세민 실장 등 3명이 산재 상담을 했는데, 당시 인천에서 들어오는 산재 상담 건수만 한 해 500~700건에 달했다. 이렇게 엄청난 양의 산재 상담을 통해 그는 산재보상보험법을 모르고 자기 권리를 알지 못해서 피해를 당하고 사는 사람들이 얼마나 많은지, 그 심각성과 산재피해자의 절박함, 아픔에 대해 알게 되었다.

"하루에 못해도 한두 건씩 상담을 했지요. 그런데 상담 한 건이 한 번으로 끝나는 게 아니잖아요. 친절하게 알려주고, 산재처리 방안도 알려주고, 산재 끝나면 민사상 소송 안내해 주고, 도와주고 이러니까. 돈도 받지 않고요. 한 건이 한 번으로 끝나는 게 아닌데 연말 총회할 때 모아보면 보통 500~700건이 되었어요."

'인천산업사회보건연구회'의 또 하나의 활동은 산업재해 예방활동을 위해 각 사업장의 노동안전 담당자나 안전보건 담당간부를 교육하고 육

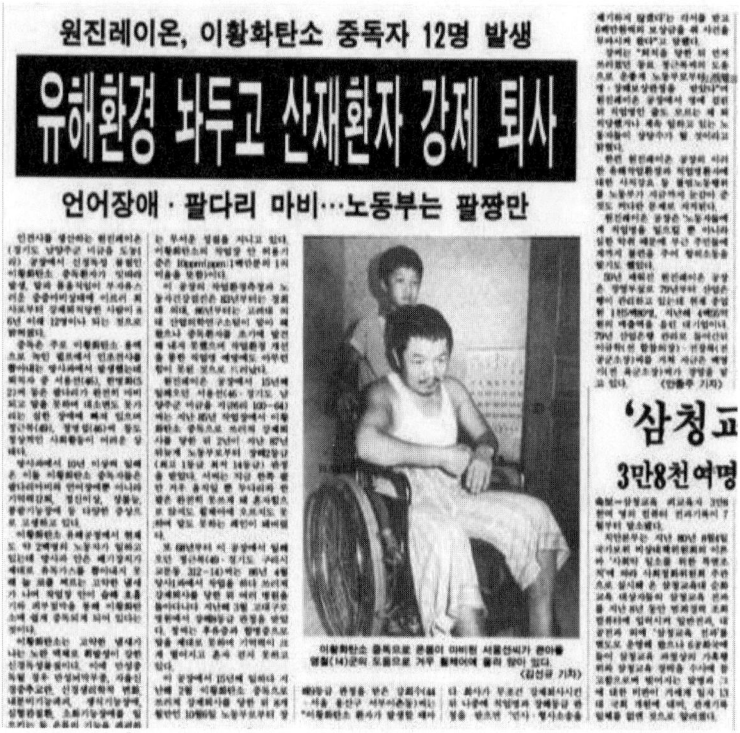
원진레이온, 이황화탄소 중독자 12명 발생

유해환경 놔두고 산재환자 강제 퇴사

언어장애 · 팔다리 마비…노동부는 팔짱만

'삼청교

3만8천여명

원진레이온 이황화탄소 중독사건에 대한 한겨레신문 1988년 7월 22일자 보도.

성하는 일이었다. 예방활동은 눈에 보이는 실적으로는 잘 나타나지 않지만 애초에 몸이 망가지지 않도록 예방하는 중요한 의미가 있는 일이었다. '연구회'가 산업안전보건법, 산재 상담 방법, 조합원들의 안전보건에 대한 요구와 고충의 파악, 사측에 요구사항을 전달하는 방법 등에 대한 교육을 반기별로 진행하면 교육을 받은 안전보건 간부들이 각자의 작업장에서 사업장별 모임을 꾸리고 이에 대한 실천 활동을 했다.

인천에는 노동안전보건에 관심을 가진 전 · 현직 노동조합 간부들이

'산업재해 없는 일터회' 거리 캠페인.

모인 '산업재해 없는 일터회'라는 모임이 있었다. 이 모임은 '연구회'의 지원을 받아 재해예방을 위한 사업장 내 제도를 만들고 사업주와 실제적으로 교섭하는 역할을 했다. 박세민은 인천산업사회보건연구회 간사로 일하면서 '산업재해 없는 일터회'의 총무를 겸직했다. 이들 활동을 통해 조합원들의 의사와 의견을 수렴하고 대책을 만들어 나가는 대중조직 운영원리를 익히는 한편 안전보건 담당자들과의 교류를 통해 산업재해 예방 방법을 배울 수 있었다.

증상은 있으나 병명은 없다

흔히 산업재해 하면 겉으로 드러나는 부상, 사망, 사고를 생각한다.

"뼈가 부러지거나, 피가 튀거나, 아파서 쓰러지는 것"이 아닌 질환은 업무상 질환으로 인정되기 쉽지 않다. 1990년대 초에는 더욱 어려웠다. 상담소에는 업무로 인한 장애가 누적되어 일을 못하게 되었음에도 산재 인정을 받지 못해 찾아온 노동자들이 많았다. 고용상의 불이익을 걱정해서 병을 참으며 일하다 더 이상 일을 하지 못하는 상태가 되어서야 산재 신청을 하게 되는 것이다.

"그때도 많았던 게 허리 다치고도 산재처리 안 했던 경우들이에요. 다칠 때에는 괜찮은 줄 알았다가 몇 달 일하다 보니 확 아파져서 더 이상 일을 못하게 됐는데, 회사에서는 산재 인정 못해주겠다고 하는 경우가 많죠. 다쳤을 당시에 제대로 보고를 안 했는데 지금 어떻게 해야 되냐는 상담이 오면 당시 함께 일했던 동료의 진술서를 얻고, 산재 신청 서류를 꾸미고 제출하기까지 도왔어요."

일례로 1993년 인천 남동공단의 인조피혁공장에서 일하던 노동자가 간 괴사로 사망한 사건이 있었다. DMF(dimethyl formamide; 디메틸 포름아미드)라는 화학물질이 인조피혁 제조 공정에서 유기용제로 사용되는데, 간 독성을 유발하는 대표 물질이다. 사망 노동자는 DMF 배합공정이 아닌 보조청소작업을 하던 사람이었음에도 간염 수준을 넘어 간 괴사로 사망했다. 역학조사 결과 공장이 DMF를 주요 취급물질로 사용하고 있음에도 국소배기장치를 설치하지 않았음이 확인되었다. 공기 중 DMF 농도는 노출 허용치를 넘어선 13ppm이었고, 공장 전체에 유독가스가 꽉 차 있었다. 이런 과정을 통해 '인천산업사회보건연구회'는

DMF 노출로 사망한 노동자에 대한 산재 승인을 최초로 받아냈다.

"처음에는 어떻게 해야 할지 몰랐던 경우였어요. 외국문헌을 찾아서 공부하고 보상을 신청한 거죠. 역학조사를 하니 주요 취급물질이 DMF였는데, 공정에서 발생한 가스가 공장 전체에 퍼져 있었어요. 10개 포인트에서 측정을 해 봤는데…대한민국의 노출기준이 되게 터무니없잖아요… 당시 DMF 노출기준이 10ppm이었는데, 공기 중 농도가 13ppm이 되었어요. 가스가 꽉 차 있는 상태에서 일을 하다가 사망하게 된 거죠."

이후 DMF가 매우 위험한 물질임에도 부주의하게 널리 사용되고 있다는 문제를 인식한 정부는 DMF 관리지침을 만들었다. DMF는 처음 노출되는 1개월 내 독성 간염을 일으키는 특징이 있으며, DMF를 취급하는 작업자는 배치 전 건강검진을 반드시 받고, 배치 후 1개월 이내에 특수 검진을 받아 간 기능 이상 여부를 파악해야 한다. 이에 문제가 없을 시에만 작업을 계속 할 수 있다.

1994년 인천에서 발생한 '진흥정밀화학 폭발사고'는 그에게 잊을 수 없는 사고이다. 회사는 의약품 원료인 HOBT를 생산하면서 납품기일이 촉박하다는 이유로 제품을 빨리 건조시키기 위해 밀폐형 건조기를 사용하고, 폭발의 원인이 된 HOBT라는 물질의 용량도 정량의 배로 넣었다. 인천 전역을 흔들었던 거대한 폭발은 64명의 사상자를 냈다.

박세민은 이 사건이 단순히 사고를 낸 한 회사만의 문제가 아니라고 말한다. "아무도 죽지 않아도 됐는데", 자본의 탐욕은 안전보다 생산을 우선으로 강조하여 많은 노동자들은 불안정한 노동환경에서 일하다 심하게 다치거나 사망하기 때문이다. 여전히 이런 구조 하에 돌아가는 노동현실이 그가 아직도 산업안전보건 운동에서 떠나지 못하는 이유이다.

조직적 안전보건 운동으로의 전환

1998년 박세민은 민주노총 인천본부 산업안전보건국으로 자리를 옮겼다. 1995년 전국민주노동조합총연맹(이하 민주노총)이 출범하고, 1997년 노동법 개정 반대 총파업이 건국 이후 최대 규모로 펼쳐지면서 민주노총의 조직력이 커지고 있는 때였다. 지역 산재 상담실의 활동에도 변화가 찾아왔다. 노조들이 자기 역할을 고민하며 산업안전보건운동에 '주체적' 역할을 하고자 했고, 산재 상담실의 주요 회원이었던 보건의료인들 역시 각자의 직능별 운동을 강화하는 흐름이 있었다.

이러한 흐름 속에서 '인천산업사회보건연구회'도 변화하게 되었다. 1988년 건강 상담소에서 시작하여 10여 년 동안 산업안전보건운동을 함께 해온 '인천산업사회보건연구회'의 회원들도 각자의 운동영역으로 분화하였고, 직능운동의 확산으로 보건의료인 회원들이 빠져나가면서 활동가들의 급여를 맞추기 어려울 정도로 재정이 악화되었다.

"제가 처음 인천산업사회보건연구회에 들어갔을 때 50만 원 줬거든요. 실무자를 3명 쓴다고 하면 150만 원이 필요한데 그 돈이 어디서 나왔겠어요? 회원들이 (형편대로), 의사, 한의사는 10만 원, 일반회원은 1만 원, 뭐 이런 식으로 회비를 모아서 월급 주고 활동비에 쓰고 이렇게 했던 거였고. 한의사, 치과의사, 약사 이런 분들은 다 자기 집단별 운동

영역들이 있었어요. 그러니 자기 위치에서 자신의 문제를 가지고 할 수 있는 일들이 있었던 건데. 이제 직능별로 분화가 이루어지니까 실무자 3명을 다 쓰기 어려울 정도로 재정악화가 있었던 거죠. 월급이 늦춰지거나 이러면 대표들이 추가 특별회비를 걷어서 주고, 이렇게 유지하던 와중에 민주노총 인천본부에서 같이 하자고 제안이 들어왔던 거죠."

점점 노동조합의 역할이 커지고 있는 상황에서 안전보건운동은 언젠가 노동조합이 해야 할 몫이었다. 박세민은 '인천산업사회보건연구회'와 '산업재해없는일터회' 두 단체가 통합한 '건강한노동세상'의 출범을 도운 이후 '민주노총 인천본부'로 자리를 옮겼다.

당시 '민주노총 인천본부'에는 안전보건을 담당할 인력이 없었고, '인천산업사회보건연구회'가 산재 예방 운동을 지원하고 있었다. '민주노총 인천본부'는 박세민에게 산재 예방 활동을 지원하는 것에서 한발 더 나아가 "노조의 힘을 통해 직접적으로" "인천지역의 민주노조 운동을 활성화 하자"라는 제안을 했다. 그 역시 과거의 활동과는 차별되게 노동조합이라는 새로운 틀에서 안전보건 운동을 해보고자 했다.

'민주노총 인천본부'에서 박세민은 인천지역의 노동조합들이 안전보건 활동을 시작할 수 있도록 '조직적으로' 지원할 수 있게 되었다. 산재 예방 교육부터 사업장 단위 실천 활동 지원까지 상담소에서 기존에 해온 일들을 조직적인 틀 내에서 자리 잡도록 했다.

근골격계질환 실태조사 사업도 이때 시작했다. 근골격계질환은 경견완 장애나 VDT 증후군, 요통 등을 통칭하는 것으로 이전에는 사고성 재해의 경우에만 산재를 인정했기에 이 병을 누적성 직업병으로 보지 않았다. 1997년 IMF 이후 '생산성 향상'이라는 미명 아래 시행된 인력구조 조정과 노동유연화는 노동자의 작업량과 직무스트레스를 급격하게 높였고, 이러한 상황에서 근골격계질환 투쟁은 "아프다고 말하지 못했던" 노동자들의 주요 투쟁 의제가 되었다. 또한 노조에게는 정리해고로 위축된 조합원들의 불안 심리를 극복하고 노조의 조직력을 재건하는 계기가 되었다. 먼저 인천 지역 사업장별로 조합원들을 대상으로 건강증상 설문조사를 하고 조사 결과를 분석해서 당장 치료를 받아야 하는 사람들의 비율이 얼마나 되는지 분류했다. 이 자료를 토대로 공청회를 개최하고, 안전대책의 필요성을 담은 홍보물과 교육 자료를 만들어 사업장들에 배포했다. 초보적인 형태였지만 여론을 조성하고 문제의식을 확산시키는 효과가 있었다.

"근골격계질환 대책의 필요성을 얘기하고 사업주들에 대한 지도감독을 강화해야 한다고 제안했지요. 그때는 VDT 작업장, 이를테면 사무직에서 모니터 보고 자판 입력하는 노동자들의 작업관리지침이라고 해서 강제성은 없지만 노동부 고시로 권고되는 게 있었어요. 그것 가지고는 부족하고 사업장의 예방 의무를 법제화해야 한다고 주장했지만 아직은 논의가 시작된 것에 불과했지요. 여론을 조성하고 교육에 들어가고 문제의식을 확산시켜보기는 했지만 본격적으로 근골격계질환에 대한 예방 요구와 투쟁을 할 수 있게 된 것은 전국을 아우를 수 있는 금속노조에 오게 되면서 시작되었죠."

한편 인천지역의 최대 공장이었던 대우자동차는 2001년 노동자

1,751명을 정리해고 했다. 1998년 김대중 정부에서 정리해고가 법제화 된 이후 대기업에서 처음으로 이루어진 대규모 정리해고였다. "회사의 경영 악화가 경영진의 방만한 경영 때문임에도 불구하고 노동자들이 그 결과를 떠안았다"며 대규모 해고 조치에 반발한 노조는 사업장을 점거하며 총파업에 들어갔다. 총파업은 농성 사흘 만에 공권력 투입으로 진압되었고, 이후 인천에서 대우차와 관련한 모든 집회가 원천적으로 봉쇄되었다. 집회가 봉쇄되고 있는 상황에서 단 하나 예외적으로 허용되었던 것이 '산재노동자 불법해고 항의 집회'였다. 산업재해로 요양 중이거나 복직 후 한 달 이내인 근로자는 해고할 수 없는 것이 원칙이지만 대우자동차는 편법으로 22명의 산재 근로자를 정리해고 명단에 포함시켜 해고 통보를 했다. '산재노동자 불법해고 항의집회'는 2001년 대우차 노조 총파업에 대한 공권력의 강한 탄압 속에서도 '부정할 수 없는 정당성'을 가지고 있었다.

"산재노동자에 대한 해고를 회사에서 어떻게 했냐면, 근무 평점이 떨어지는 사람들을 정리해고 하는데, 산재노동자인 경우에는 회사를 위해 일하다 다쳤다는 이유로 +5점을 줬어요. 그런데 근태점수에서 −20점을 줬어. −15점을 먹고 들어갔던 거죠. 그러니 회사에 빌붙었던 사람들 말고는 산재 치료를 했던 사람들은 다 해고 대상자가 됐죠. 경찰이 모든 집회를 봉쇄했지만 산재를 당해서 치료 중인 노동자, 장애를 입은 노동자를 해고했다는 부도덕하고 위법적인 행위를 반대하는 집회를 허용하지 않을 수가 없었어요."

그러나 규탄시위 중 박세민이 취한 선동방식은 '민주노총 인천지부' 지도부와 갈등을 만들었다. 시위행진 도중 그는 부평경찰서와 대우자동차에 진입하면서 문을 해머로 부쉈다. 지도부는 "과격하게 집회를 지휘했다." 는 이유로 그에게 다시 마이크를 주지 않았다.

"제가 좀 선동을 해요, 대우자동차 남문을 부수고 들어갈 때 제가 방송차 위에 올라서서 마이크를 들고 있었어요. 부평에서 집회를 하고 죽 뚫고 들어갔죠. 뚫고 들어가면서 부평경찰서를 좀 부수고, (대우자동차) 남문을 해머로 부수고 그대로 회사로 들어갔는데, 그 다음부터는 저한테 마이크를 주지 않았어요. 무난하게 그냥 갔어야 하는데, 너무 과격하게 집회를 지휘했다 이런 이유겠죠."

민주노총 인천본부에 새 본부장이 당선되면서 꾸려진 새 지도부는 기존 실무자들에게 일괄적으로 사표를 낼 것을 요구했다. 실무자들은 "일괄사표를 요구하는 것은 노동자의 방식이 아니다"라며 3개월간 농성을 한 뒤 사표를 제출했고, 그 역시 이때 민주노총 인천본부를 떠났다.

지역에서 전국으로

2001년 '금속산업노동조합연맹(현 금속노조)'으로부터 전국 사업을 담당해달라는 제의를 받았다. 금속노조에서는 그가 활동가로서 가졌던 구상을 산업적으로, 전국적으로 추진할 수 있었다. 중앙의 조직력을 바탕으로 제도, 정책, 법 마련을 직접적으로 강제할 수 있었다.

박세민은 금속노조로 오면서 '자동차 산업 구조조정과 노동조합의 대응'이라는 전국순회간담회를 진행했다. 2000년 현대정공 노동조합이 건강검진을 통해 56명의 노동자들로 집단으로 산재 신청한 사건은 2001년 전국순회간담회의 바탕이 되었다. 갤로퍼 생산 공장이었던 현대정공(현 현대자동차 5공장)은 조립라인의 불필요한 동작을 제거하고, "가장 경제적인 동작을 설정하기 위해" 작업을 초 단위로 측정하고 평가하는데, '모답스(Modapts)'라는 기법을 사용하고 있었다. 모답스는 경영자들에게는 찬사를 받았지만 노동자들에게는 노동과정 통제와 구조조정의 도구로 작용했다. 현대정공 노동자들은 모답스를 근거로 "인원이 남아돈다."는 사측의 주장에 맞서 작업자들이 얼마나 아픈 상태인지 증명하며 산재 신청 집단투쟁을 벌였다. 작업현장에 필요한 것은 인력 구조조정이 아니라 '작업환경 개선'과 '부족한 인력의 충원'이었다. 노동자들의 집단투쟁과 건강문제가 언론을 통해 대대적으로 보도되자 현대정공은 구조조정 계획을 접었고, 오히려 산재 치료를 위해 나간 노동력을 채우기 위해 120명이 더 채용되었다.

"대한민국에서는 회사가 얘기하면 정당화고 뭐고 없어요. 한 달 전에만 예고하고 자르면 되는 것이거든요. 그래서 구조조정에 대응하기 위해 현대정공 동지들이, 작업자들이 얼마나 아픈지 조사를 했던 거예요. 아픈 사람들을 싹 진단해서 산재투쟁을 했어요. '회사가 인원이 남아돈다고 하지만 우리들은 갤로퍼 만들면서 이렇게 많이 병들었다.' 이러면서 치료에 들어간 거죠. 자동차 생산이 라인작업이잖아요. 100명 중에 10명, 15명이 빠지고 치료에 들어가면 공장이 안 돌아가. 그렇게 집단

투쟁하고 언론이 '굴지의 대공장에서 이렇게 노동자들이 병들었다'고 받아주고 하니까 사측에서 구조조정을 접은 거죠."

현대정공 노조의 성공은 다른 노조들에게 집단 산재 신청 투쟁이 어떻게 힘이 될 수 있는지 확인해주었다. 아픈 노동자들은 "자신이 치료받을 권리가 있다는 것"을 인식하게 되었고, 함께 일하는 동료들이 비슷한 통증과 질환을 나타내는 것은 '혼자만의 문제'가 아닌 '작업환경의 문제'라는 것으로 시야를 넓히는 계기가 되었다.

이러한 성공에 힘입은 박세민은 일방적이고 정당성도 없는 자본의 구조조정에 대한 두려움을 이겨내고 정당하게 대응하자는 마음으로 임할 수 있었다. 전국순회간담회는 현대정공 투쟁과 동일한 방식으로 아픈 노동자들에 대한 실태조사, 건강 진단, 치료, 산재 신청과 승인으로 진행됐다.

박세민은 산재 승인이 났다는 것은 "노동자가 감당할 수 없는 수준으로 몸이 병들었다는 것을 의미한다."고 말한다. 노동자의 병든 몸은 노동 착취를 그대로 보여주는 결과물이었다. 박세민은 전국순회간담회를 통해 작업환경 개선과 인력 충원을 요구하는 한편 집단 산재 신청 투쟁을 언론에 알리며 정부와 사업주를 압박했다. 2003년까지 집단 산재 신청 투쟁은 백전백승으로 진행되었다.

골병이 든다는 것

안전보건운동에서 중요한 이슈 중 하나는 근골격계질환의 산재 인정

여부이다. 박세민은 근골격계질환의 양상이 IMF 관리 체제 전후로 구분된다고 이야기한다. 1998년 IMF 사태 이후 대부분의 기업에서는 어떤 형태로든 구조조정을 시행했다. 하지만 당시 모든 기업의 경영이 어려웠던 것은 아니었다.

그러나 흑자를 내던 기업이든 적자를 내던 공장이든 관계없이 기업의 이윤극대화를 위한 인력 구조조정은 정당화되었다. IMF 이후 급격하게 양산된 나쁜 일자리는 노동자들의 건강 장해로 이어졌다.

"IMF 전에는 별로 안 아팠어요. 참을만 했어요. 그런데 이제 잘 돌아갔던 공장이든, 지지리 어려웠던 공장이든 전부 어려움을 극복하는 과정을 노동자들에게 희망퇴직이나 정리해고로 전가했죠. 기본 한 2~30%는 잘렸어요. 그 작업물량이 IMF 이전으로 돌아가는 것은 길어도 채 1년이 안 걸렸죠. 그렇다면 해고된 동료들의 몫까지 남은 사람들이 다 해야 되니까 개인이 처리해야 할 물량이 늘잖아요. 여기에 1,000개만 시키는 게 아니라 더 많은 물량을 요구해요, 1,100개, 1,200개, 1300개. 고용불안이 극대화 되어서 내 일자리를 못 지키면 내 가정을 지킬 수 없으니까 그 압박 속에서 엄청난 노동 강도를 감내하는 거고, 또 그것이 (사업주 입장에서는) 현장을 통제하는 데도 유리하니까. 결국 몸이 못 견딜 정도의 일을 하게 된 것이 1999년의 상황인 거죠."

이런 현실 속에서 1998년 대우자동차(현 한국GM), 만도기계, 현대자동차 등의 구조조정 반대 투쟁의 결과 노동조합이 번번이 졌고, 조합의 활동도 약화되었다. 노동자들에게 "언제 해고될지 모르니 몸을 혹사하더라도 벌 수 있을 때 벌자"라는 생각이 커지면서 산재 예방 활동도 힘을 얻지 못했다. 고용이 지속되느냐 마느냐의 상황에서 '예방'이라는 말에 사람들이 관심을 갖도록 하는 것은 어려운 일이었다.

높은 노동 강도로 "시키는 대로 일할 수밖에 없었던" 노동자들은 몸이 망가져 갔다. 몸에 누적된 피로를 적절히 풀어주지 않으면 어깨와 허리, 관절 등에 미세한 손상이 축적된다. 1999년 민주노총 인천본부가 60여 개 사업장에서 근골격계질환 조사를 벌인 결과 '어깨, 목, 허리 등 한 부위 이상이', '한 달에 한 번 이상 아프고', '통증이 일주일 이상 가는' 증상을 호소한 사람이 거의 모든 사업장에서 80% 이상을 차지했다. 이 중 'WHO 근골격계질환 국제 판단 기준'에 따라 치료대상으로 분류된 사람은 15~20%에 달했다.

근골격계질환은 외국에서도 이미 산업, 업종을 불문하고 다발했던 직업 관련성 질병이었기 때문에 그 예방을 위한 제도나 정책들이 활발하게 개발되고 있었다. 박세민은 한국도 곧 외국과 마찬가지의 상황이 될 것이라고 예측했다. 이 같은 판단에 따라 사업장 실태조사, 근골격계질환 예방을 위한 공청회, 각 사업장의 조합원 교육, 현대정공 근골격계 투쟁에 대한 연대활동을 전개해나갔다.

2000년 '프리드리히에버트재단'이 제공한 '안전보건활동가 연수 프로그램'으로 덴마크를 방문한 경험은 근골격계질환 투쟁에 대한 아이디어를 제공했다. 덴마크의 작업장은 작업자의 키에 맞추어 흐르는 컨베이어벨트나 유압식 책상 도입 등으로 몸에 부담이 덜 가게 설계되어 있었다. 노조 사무실에서도 높이를 조절할 수 있는 책상이 이미 들어와 있었다. 하지만 노동 강도는 우리보다 더 강해보였다. 노동자들이 강도 높은 노동에도 왜 근골격계질환이 발생하지 않는다고 이야기하는지 의심부터 들었다. 해답은 노동시간에 있었다.

"우리가 학교 다닐 때 50분 수업을 하면 10분 쉬게 해 줬잖아요. 그거예요. 근골격계질환의 가장 큰 치료법은 자주 쉬는 거예요. 덴마크에서 만난 노동자들은 하루 7시간씩 5일 정도 일하고, 돈 욕심이 많은 젊은 친구들은 8시간씩 5일 일한다고 하더라고요. 어쨌든 한 이틀은 푹 쉴 수 있어요. 우리나라보다 한 30% 정도는 작업속도가 빠른 거 같았는데, 그럼에도 불구하고 누적된 피로를 풀 수 있는 충분한 휴식시간이 주어져 있었던 거예요. 우리는 잔업과 주말 특근으로 쉴 수가 없었던 상황이고요.

그래서 근골격계질환 문제의 해결 방향을, 예방을 기본으로 하되 인간공학적인 기계기구 설계나 작업 자세, 도구가 아니라 휴식시간 확보와 부족한 인력 충원이 핵심인 것으로, 그렇게 가닥을 잡아 가져갔던 거지요. 충분한 휴식시간과 피로가 '누적'되지 않는 노동이라는 두 가지 문제가 근골격계질환을 해결하는 핵심이었어요."

아프다고 말할 수 없었던 노동자들

IMF 이후 기업 구조조정으로 활동력이 약화된 노동조합에게 '근골격계 투쟁'은 약화된 조직력을 회복하는 계기가 되었다. 2000년 현대정공에서의 성공적인 근골격계 투쟁에서 얻은 자신감으로 근골격계질환 예방 투쟁을 위한 구체적인 계획이 세워졌다. 박세민은 현대정공 근골격계 투쟁을 담당하였던 간부들과 함께 이를 전국적인 투쟁으로 만들기 위해 '전국 순회간담회'를 기획했다.

회사의 현장통제와 구조조정으로 노동자들은 아파도 아프다는 이야기를 하지 못하는 상황이었고, 산재 승인은 더욱 엄두를 내지 못했다. 각 지역별로 진행한 전국순회 간담회는 집단 산재 신청 투쟁을 통해 사업주가 노동자의 질병을 방지할 책임이 있음을 공론화했다.

"산재가 승인이 됐다는 것은 질병을 방지할 책임이 사업주에 있다는 것을 드러내는 것이기 때문에 그 원인을 제거하기 위한, 예를 들면, 불편하고 부정확한 작업 자세나 동작을 유발하는 작업장을 개선하고, 부족한 인력을 충원하고, 휴게시간을 늘리자는 요구를 해야 한다면서 순회공청회를 했지요."

2000년부터 2002년까지 진행된 집단 산재 신청 투쟁에서 노동조합이 요구하는 것들이 그대로 관철되었고, 집단 산재 신청 투쟁은 한 건의 불승인 없는 성공을 거두었다. 2003년에는 세계적으로 유례없는 근골격계질환 사업주 예방의무가 법제화 됐다. 법제화가 되기까지 많은 일들이 있었다. 근로복지공단, 노동부를 연계해서 문제제기를 하고, "우리 노동자가 철인이냐?"며 중년 여성노동자들이 작업복을 입고 대대적으로 나서기도 했다. 언론에도 근골격계질환의 심각성에 대한 보도가 많이 나왔다. 결국 노동자의 대투쟁으로 예방 의무가 법제화되었다.

이러한 과정에서 아쉬움도 있다. 금속노조에 소속한 200여 개 사업장 중 근골격계 투쟁에 참여한 사업장은 불과 30여 곳으로 조직 전체가 함께 '받아내는' 사업에 이르지 못했다. 집단 산재 승인이 이루어지면 개별 산재 승인으로 '과실만 따 먹으려 하는' 방관적 사업장도 많았다. 정부에서 사업주 예방 의무를 법제화할 정도로 파급력이 컸지만 노동조합들은 '근골격계질환 투쟁'의 의미를 제대로 자각하지 못했고, 이는 이후 근골격계 투쟁에 있어 위기로 작용한다.

"성공하고 이기는 투쟁이었고, 엄청난 사회적 의미를 가진 투쟁이었고, 정부에서 사업주 예방 의무를 들고 나올 정도로 파급력이 컸었는데, 문제는 노동조합이 이 의미를 제대로 자각하지 못했던 거죠. 하지만 사업주들은 빨리 자각하고 발 빠르게 움직였죠."

경총이 만든 '나이롱 환자론'

근골격계질환 사업주 예방 의무 법제화가 진행되는 과정에서 경영계는 반전을 준비하고 있었다. 이에 앞장선 것이 한국경영자총협회(이하 경총)였다. 2003년까지 경총을 포함한 사용자 단체에는 안전보건을 담당하는 전문가가 없었다. 근골격계 집단 투쟁 이후 안전보건 문제와 노무관리에 대한 위기의식이 생기자 경총은 회원 기업들로부터 350억 원을 출자 받아 2004년 기업안전보건위원회를 발족했다. 경총 기업안전보건위원회는 막대한 자금력을 바탕으로 정부와 언론에 대해 로비활동을 벌였다. 로비활동의 대표적인 결과물이 뉴스에 많이 보도되었던 '나이롱 산재 환자론'이다.

"2004년에 기업안전보건위원회가 출범했고 그때 경총에서 한 번에

350억원 정도를 갹출했어요. 대우조선 20억, 현대자동차 30억, 삼성 50억 이런 식으로 해서. 박사급으로 안전보건 전공한 사람 세 명 정도를 뽑고요. 그러면서 일순위 과제로 잡았던 게 '노동조합의 노동안전보건 투쟁을 무력화시켜야 된다.'는 거였죠. IMF를 계기로 해서 속칭 전노협 때부터 왔던 민주노조 운동 진영을 다 죽여 버린 줄 알았는데, 우리들이 갑자기 노동자 건강문제를 들고 나오니까, 시키면 시키는 대로 일만 하고 말 잘 듣던 사람들이 자기 권리를 다시 주장하기 시작한 거잖아요."

경총은 정부에 엄격한 산재 인정 기준이 필요하다는 로비를 하며 산재 환자 중 일 안 하고 놀고 먹는, 속칭 "나이롱 환자들이 많다."는 것을 근거로 내세웠다. 로비의 결과, 국무총리실에서 노동부, 근로복지공단으로 대책 마련 지시가 내려졌고, 2004년을 기점으로 산재보험제도 개정 작업이 시작됐다. 2004년 하반기에는 공중파 메인뉴스에 '나이롱 산재 환자론'이 보도되면서 산재환자를 보험 사기꾼으로 만드는 여론이 형성되었다.

근로복지공단은 2004년 근골격계질환의 산재 인정을 엄격히 하는 '근골격계질환 업무관련성 판정지침'을 마련했다. 이 지침은 근골격계질환을 개인질환 또는 나이가 들면서 얻는 퇴행성 질병으로 취급하기 쉽게 구성되어 있었다. 엄격한 판정지침으로 산재 승인률이 반으로 줄었고, 노동조합은 "근로복지공단이 산재를 축소하고 은폐하려 한다."며 거세게 대응할 수밖에 없었다.

"이 퇴행성 변화가 얼마나 웃기는 것이냐면 길가는 사람들을 잡아놓고 그냥 찍으면 거의 한 30% 이상 무조건 퇴행성 변화가 있어요. 요즘

근골격계 집단 산재 신청 투쟁.

뭐 열심히들 공부해서 그런 퇴행성 질환이 올 수도 있고, 일하면서 더 빨리 올 수도, 더 촉진될 수 있는데, 여기에 대한 구체적인 조사 없이 퇴행성 질환이면 무조건 개인질환으로 간주했던 거예요. 이제 "진짜 누가 봐도 이렇게 하면 병이 안 들 수 없겠다." 이런 정도가 되지 않으면 거의 불승인이 된 거에요. 그게 적용되면서 산재 승인율이 50% 미만으로 떨어졌어요. 아픈 사람, 다 죽어가는 사람 치료해달라고 우리가 가서 책상 엎으며 거세게 반발했고, 그러다가 구속된 동지도 나오고 그랬었지요."

'산재 승인 투쟁'을 막기 위해 또 하나 마련된 것이 근로복지공단의 '집단민원 대비 요령'이다. 노조 관계자가 노동자 조끼를 입고 근로복지공단에 들어가면 직원들은 매뉴얼에 따라 민원대응을 했다. 민원인의 물리적 행동이 발생하면 직원은 신속하게 경찰에 지원 요청을 하고 고소고발로 연결하는 시스템이다. 산재 불승인 건에 대해 문제가 유발될 때마다 '뛰쳐나와' 적극적으로 대항했던 이유는 문제가 그대로 덮어지는 것을 막아야 했기 때문이었다. 근로복지공단의 민원 대응방법은 박세민의 입장에서는 "산재노동자를 잠재적인 범죄자로 간주하는 것"이었다.

"이를테면 노동자 조끼를 입고 근로복지공단에 딱 들어가면 '어떻게 오셨습니까' 물어보는 사람, 근로복지본부에 보고하는 사람, 혹시나 부수거나 행패를 부릴 것에 대비해서 채증하는 사람이 있고, 공간 내에 CCTV 설치해서 욕설을 하거나 물리적인 행동을 하면 무조건 경찰에 지원 요청하면서 이걸 막았죠."

산재 인정 기준이 엄격해지기 전까지 사업주는 산재 발생 건에 대한 작업 개선 요구를 거부할 명분이 없었다. 사업주들은 이를 회피하기 위해 사업장 내에 산업보건센터와 같은 병원을 세우고 높은 수준의 의료시스템을 제공했다.

다친 노동자가 산재로 나가지 않고 사업장 내에서 공상으로 처리한다면 월급 전액을 지급받고 치료까지 보장받을 수 있었다. 그러나 산재 인정 기준이 바뀌어 산재 승인이 어려워지자 사업주들은 "산재처리만 하지 않으면 치료를 다해 주겠다"던 이전의 태도와 달리 "개인질환이므로" "산재 신청을 하시라"는 입장으로 돌변하며 책임을 회피했다. 산재노동

근골격계질환 업무관련성 판정지침 항의 집회

자들은 오갈 데 없는 상황이 되었다.

"인정 기준을 불합리하게 만들면서 산재 인정을 안 해주고, 사실 대한민국 사회복지제도가 형편없잖아요. 가장이, 이게 남성 가장이었든 여성 가장이었든 간에 부양하는 가족이 있는데, 가장이 일을 못 하면 회사에서 돈을 주는 것도 아니고, 모든 걸 잃게 되는 구조인 거예요. 일을 못 하면 나가라고 그러지, 어디 갈 데가 없는 거죠."

불합리한 인정 기준으로 인해 노동자들의 지위가 악화되고 노동조합의 산재 예방사업도 위축되었다. 더구나 타임오프제(Time-off, 유급 노조활동 시간 제한제)는 근골격계질환 투쟁을 더욱 어렵게 했다. 근로복지공단에서 부당한 결정을 하면 신속하고 적극적인 대응활동이 필요한데, 노조 간부들이 활동시간 제한에 걸리면서 대응체계를 제대로 구축하지

근골격계질환 업무관련성 판정지침 항의 집회

못하는 일이 많았다.

"산재 불승인을 자행한 근로복지공단의 악행이 덮이기 전에, 문제가 생길 때마다 '약발'이 다하기 전에 바로 바로 대응할 수 있는 체계를 구축하려고 열심히 했지만 그게 잘 안 됐어요. 산재 판정하는 기구는 밖에 있는데 '들이받으려면' 간부들을 모아서 사업장에서 뛰쳐나와야 하는데, 타임오프에 걸리면서 활동시간이 제약되고 하면서 제대로 안 되는 거죠."

집단 정신질환 산재 인정 투쟁에 이은 우울증

2004년 산재보험법의 '제도 개악'에 대항해서 박세민은 '하이텍RCD코리아 노조탄압에 따른 집단 정신질환 산재 인정 투쟁'을 시작했다. 그 싸움은 250일 동안 계속됐다. '하이텍RCD코리아 투쟁'은 노동쟁의를 벌인 노조 조합원들에 대한 회사의 CCTV 감시와 통제, 별도의 (왕따) 라인 배치, 차별과 부당해고로 인해 발생한 집단 정신질환에 대해 근로복지공단이 산재 불승인 결정을 내리면서 촉발되었다. 박세민은 250일의 긴 시간 동안 "할 수 있는 것은 죽는 것 빼고 다했다"고 할 정도로 모든 것을 쏟아 부었다. 이 투쟁은 '하이텍RCD코리아 투쟁'이라는 이름으로 산재보험제도 개악에 대해 정부와 '대리전'을 치른다는 의미도 있었다.

'하이텍RCD코리아 투쟁'의 시작은 1996년으로 거슬러 올라간다. 회사는 필리핀에 공장을 신설하면서 구로 공장의 신규 채용을 중단하고 공장 폐쇄 움직임을 보였고, 회사 창립 이래 최대 이윤을 냈던 1998년에는 명예퇴직을 시행하여 전체 사원의 30%를 해고했다. 계속된 인력구조 조정에 따른 갈등으로 2002년 노조가 산발적 쟁의를 하자 회사는 불법 직장폐쇄로 맞섰다. 노조의 검찰 고발로 회사의 직장폐쇄가 철회되고, 조합원들이 직장으로 돌아가면서 사건은 일단락됐지만, 돌아간 현장에는 조합원들에 대한 CCTV 감시와 회사의 차별이 기다리고 있었다.

조합원들은 처음에는 CCTV를 대수롭지 않게 여겼지만 회사가 CCTV 촬영 자료를 사측에 유리한 증거로 활용하면서 직장 내 일거수일투족이 감시당한다는 데에 상당한 부담을 느끼게 되었다. 이런 감시·통제와 더불어 조합원들을 임금 인상에서 제외하거나, 관리자의 고압적 태도와 폭언, 꼬투리 잡기, 구사대를 동원한 폭력행위가 자행됐다. 2003년에는 전 조합원이 부당한 징계를 받았고, 이 중 5명이 해고되었다. 조합원들은 가슴에 답답함을 느끼거나, 신경증, 몸의 이상을 호소했고, 2004년 인도주의실천의사협의회(인의협)의 의견에 따라 조합원들의 정신과 진단이 이루어졌다. 임상심리검사의 결과에 의하면 전원이 '우

하이텍RCD코리아 산재 인정 투쟁

울증에 의한 만성적응장애'를 겪고 있었다.

노조는 회사의 감시와 탄압에 대한 집단 정신질환 발병에 대해 근로복지공단에 산재 신청을 했고, 금속노조를 비롯한 여러 노동자 건강운동 단체들도 이들과 연대하여 '산재 인정', '노조 탄압의 중단'을 요구하며 거리투쟁을 벌였다. 그러나 근로복지공단은 '쟁의행위 중'이라는 이유로 산재를 인정하지 않았다.

'하이텍RCD 250일 투쟁'은 노동쟁의 현장에 경찰특공대가 최초로 투입되었을 만큼 격렬하고 끈질긴 투쟁이었지만, 결국 패배로 끝났다. 박세민에게 이 투쟁은 IMF시대의 경제이데올로기와 대규모 정리해고, 불법 직장폐쇄, 노동 감시와 통제, 근로자 정신질환에 대한 산재 인정 등의 문제가 종합된, 중요한 의미를 갖는 사건이었다. 하지만 금속노조는 이를 조직 전체의 과제로 생각하지 않았다. 중앙노조 차원의 조직적 대응도 이루어지지 않았다. 투쟁은 노동안전보건 간부, 활동가들, 하이텍 RCD코리아 공동대책위원회 중심으로 제한적으로 벌어졌다.

"250일을 싸웠는데 이 투쟁이 안전보건 간부들만의 투쟁이었던 거예요. 민주노총이나 금속노조에서 조직의 주력 과제로 했어야 했는데 그렇지 못했어요. 당시만 해도 금속연맹에서 안전보건 간부들만 동원령을 내려도 한 500명 정도 됐어요. 그러니까 알아서 잘 하는데 뭐, 이러면서 조직적인 대응이 안 됐던 거지. 이러면서 사실 안전보건 간부만의 투쟁으로 되면서 결국은 졌던 거죠. 그러면서 이제 (한숨) 계속 밀렸죠. 제도가 개악되었는데, 그것을 우리가 막지 못한 거예요."

'죽기를 각오하고 참여했던' 긴 투쟁은 박세민에게 조직에 대한 실망감, 무관심과 무책임에 대한 분노가 뒤섞인 감정을 남겼다. 노조 동료에 대한 원망이 커서 노조 사무실 건물 앞에만 오면 머리가 아파 올 정도였다. 당시에는 정신적으로 힘들어 활동을 그만둘 마음까지 생겼다. 2005년 병가를 내 휴직을 했다.

"전과자들도 한 100명 정도 나오고, 동료에 대한 원망이 너무 커져서 정신적으로 망가진 거죠, 어떻게 보면. 진단을 받진 않았지만 정신질환, 일종의 우울증이나 공황장애가 생긴 거죠. 그런데 원래 그런 공황장애 이런 것들이 고통을 초래했던 조건이나 환경을 떠나면 나아지잖아요.

2001년 5월 24~25일 있었던 '산업재해 직업병 추방을 위한 금속산업연맹 결의대회'

(휴직은) 그랬던 걸로 보면 되죠."

휴직하고 박세민은 "아무 생각 없이" 산이 있으면 산에 오르고, 강이 보이면 낚시하고, 바다에 가서 머물며 시간을 보냈다. 우울과 스트레스를 주었던 상황들에서 얼마간 벗어나자 몸과 마음이 다소 편안해졌다.

1년의 휴직기간이 지난 후 그는 금속노조로 복직했다. "내가 해왔던 일들이 얼마나 소중한 일인지 잘 알고 있었고, 떠날 때를 대비해 후임들을 제대로 육성해 놓지 않았기 때문"에 금속노조로의 복귀는 당연한 것이었다. 안전보건운동은 그가 가장 잘할 수 있는 일이었고, 제도 개선과 개악의 무한반복 속에서 "못 다한, 해야 할 역할"에 대한 미련도 남아 있었다.

우주복을 입은 사람들의 행진

2001년 5월, 우주복 같은 옷을 입은 사람들이 서울역에서 명동까지 행진했다. 조선업 재해의 심각성을 시민에게 알리고 정부의 대책 마련을 촉구하기 위해 기획한 '조선업 노동자 상경투쟁'에서 노동자들은 쇳가루와 페인트가 덕지덕지 묻은 작업복을 그대로 입고 나와 서울 도심을 걸었다. 두꺼운 용접복과 도장복, 무진복을 입고 공기파이프가 연결된 송기마스크를 뒤집어 쓴 그들의 모습은 인파로 가득한 서울 도심에서 많은 이목을 끌었다.

1박 2일 동안 서울에서 상경시위를 벌인 조선노동자들은 도심을 행진한 뒤 경총 앞 결의대회, 법원과 정당, 노동부에 대한 규탄집회를 벌이며 안전보건 규제 완화 중단과 산재예방을 위한 노·사·정 특별기구 구성을 주장했다. 이러한 일련의 시위를 통해 노·사·정 특별기구가 만들어졌지만 제대로 운영되지는 못했다. 특별기구는 조선소 노동조합, 사업주, 노동부만으로 구성되었고, 금속노조는 여기에 참여하지 못했다. 안전교육 활성화 안건 역시 경총을 비롯한 조선소 사측의 반대로 이루어지지 못했다.

"조선쪽이 참 힘들죠. 지금은 거의 숫자 장난하고 있어서 통계상의 산재 건수는 줄었는데, 중대재해는 공식적인 것만 전체 산업 대비 재해발생률이 3배 정도가 되지요. 늘 한 해에 50명씩은 꼬박 죽어왔어요."

2001년 정부는 조선업 재해 예방을 위해 산업안전공단 부산지역본부

산하에 '조선업 재해 예방팀'이라는 전담조직을 만들었다. 전담팀은 사업장에 대해 기술과 현장노동자 교육 지원을 하는 한편 재해발생률 상위 10% 사업장과 중대재해 발생 사업장을 관보나 정기간행물에 공표하는 방법으로 안전관리가 '자율적으로' 강화되도록 유도했다. 2004년 안전보건규제가 완화되면서 노동부는 이 팀을 해체하려 했고, 이를 막기 위해 박세민은 정부 과천청사 회의실을 점거하고 항의해야 했다.

금속노조는 조선소 재해 예방을 위해 조선소 노조 안전담당자들은 매월 한 차례 정기회의를 가져 왔고, 중대재해가 발생하면 12시간 내에 비상대책회의가 소집된다. 비상대책위는 재해현장에 내려가 원인조사를 하고 조사결과를 토대로 동일 재해 예방을 위해 각 조선소에 돌아가서 개선할 사항을 점검한 뒤 안전담당자들과 이를 공유한다. 부실한 조사를 막기 위해 지방 부처들에 대한 항의 투쟁도 지속해야 한다.

그러나 이러한 중대재해 예방 활동은 결국 사고 발생 이후의 '뒤처리'에 불과했다. 예방이 중요함에도 당시 조선소를 관할하는 지방노동관서에 안전보건을 감독하는 감독관이 한 명도 없었다. 그나마 있던 몇 안 되는 감독관들은 조선소 임금체불 문제 해결을 위해 근로감독지원과로 직무가 전환되어 있었다.

2011년 여름 그는 조선업종 노조간부들과 함께 근로감독관 충원을 요구하며 노동부 통영지청 앞에서 천막농성을 했다. 중대재해의 예방을 위한 첫 걸음이었다. 통영지청 맞은편 주차장에서 농성을 시작했다. 농성단이 요구했던 근로감독관의 충원, 다단계 하도급 금지, 기성삭감 철폐와 같은 요구는 조선소 노동자의 가족이 많은 지역 주민들에게도 호응을 얻었다. 특히 근로감독관 충원은 근로감독관들의 요구와도 맞아 떨어졌기 때문에 밤이 되면 농성장에 이들이 보낸 수박과 치킨이 들어왔다.

농성투쟁을 하면서 지역 영세사업장들이 공멸하는 문제에 대해 지역 상공회의소와 인식을 함께 하게 되었다. 원청의 이윤을 극대화하기 위해 노임에 해당하는 기성이나 도급단가를 삭감하는 것은 중소 영세사업장을 어렵게 할 뿐 아니라 지역경제도 죽이고 있었다. 통영지청 농성에서 지역 주민과 영세사업자들의 공감을 얻었던 경험은 이후 그의 활동 방식에도 많은 영향을 끼쳐, 지역 내부의 호응을 이끌어 내는 교육과 홍보를 주요한 활동 과제로 여기게 되었다.

그러나 조선업 재해 예방을 위한 대책 활동은 현재 매우 어려운 상황에 놓여있다. 인력 구조조정이 계속되고 원·하청 구조로 인해 조선소의 조직력이 떨어지기 시작하면서 비상시 대책 활동을 할 수 있는 동력이 남아 있는 곳이 몇 군데 되지 않는 현실 때문이다.

대한민국 배는 비정규직이 만든다

박세민은 조선업 세계 1위 대한민국의 배는 비정규직들이 만든다고 생각한다. 조선업은 주문 생산방식으로 이루어지기 때문에 관련 기자재가 매번 달라질 수밖에 없어 자동화가 어려운 산업이다. 이 때문에 많은 노동자가 필요한 노동집약적인 특성을 지니고 있고, 조선업 자본들은 수주량에 따라 노동 투입을 신축적으로 조절하려는 경향을 갖고 있다.

조선업에서는 오래 전부터 사내하청이 광범위하게 있었고, 이미 상시적으로 인력구조를 조정하고 있었다. 그러나 1990년대 후반에 한국사회 전반에 걸친 산업 구조조정을 거치면서 직영인원의 몸집 줄이기와 인력 아웃소싱이 더욱 일반화되었고 비정규직 노동자가 큰 폭으로 늘었다.

값싼 노동력의 확보를 위한 하청 중심 생산시스템은 조선업의 재해 사고를 예방하기 어렵게 하는 요인이다. 조선 산업에 만연한 다단계 하청 피라미드 구조에서는 원청, 1차, 2차, 3차 하청으로 내려갈수록 기성 삭감이 이루어진다. 최종 하청 단계에 이를수록 낮아지는 작업 단가는 노동자들이 적정한 임금을 받지 못하게 할 뿐 아니라 위험 업무에 집중 배치되는 하청노동자들의 안전을 보장하지 못한다.

"조선소 작업이 보수 작업이나 밀폐 작업이 많아요. 높은 데서 일하는 것도 많고. 추락을 방지하기 위해서 안전한 작업 발판을 이중으로 설치를 하고, 추락 방지 그물망을 설치해야 하는데, 이것을 하청업체들이 하는 게 아니라 원청에서 이 작업을 위한 것을 쳐 줘야 돼요. 그런데 원청이 이걸 쳐 줄 때까지 기다리고 있지 않거든요. 작업 과정의 순서가 있는데, 그 순서를 기다려야 해. 그런데 인건비는 계속 들어가고 있으니까 하청업체들은 안전조치가 안 되어 있는 상황에서 그냥 작업에 투입되는 거야. 떨어지면 그냥 죽는 거예요. 그렇게 해서 조선업 중대재해가 일어나는 거예요."

조선소는 지금 안전관리시스템이 작동하지 않는 상태로 가고 있다. 위험 상황에서는 작업 중지를 하고 안전조치를 하도록 해야 하는데, 노동조합의 입장에서 3차 하청업체에서 일을 받아 하고 있는 '물량팀'에 대해 작업 중지를 하는 일은 쉽지 않다.

"작업 중지를 시키고 안전조치를 해야 하는데, 물량팀에게는 할 수가 없어요. 예를 들면, 그라인더를 하고 있는데 가서 환기조치 안하고 있다고 작업 중지시키면 그라인더 그냥 집어 던져 버리거든. '느그들이 우리 새끼들 먹여 살릴 거냐?' 그러면서 난리치기 때문에 이런 경우는 원청 안전환경팀을 불러서 그쪽에서 하청업체에게 조치를 하라고 해야 해요. 그런데 여기서 조치를 한다고 하고 나서 보면 다시 또 그 상태야. 문제는 원청에서 다단계 하도급으로 후려쳤고, 이게 안 된다고 하는 것을 알고 있으면서도 묵인하고 있는 상태이기 때문에 원청에서도 할 말이 없는 거야. 노조가 아무리 안전을 이야기한다 해도 노동자들은 안전교육을 제대로 받지 못한 채 작업에 투입되고, 안전조치가 제대로 안 되어 있는 환경에서 위험한 작업을 하는 거죠. 다단계 하도급과 기성 삭감과 같은 근원적인 문제를 해결하지 않고는 사고를 막을 수가 없는 거죠."

2014년 박세민은 조선업종 공동요구로서 '다단계 하도급 금지', '기성 삭감 금지', '안전 확보 없는 공기단축 금지', '산재 은폐 금지' 등 네 가지 노동안전대책을 요구하는 한편, 국정감사를 통해 조선업종의 다단계 하도급 문제를 제기했다. 1박 2일 조선업 상경투쟁도 함께 진행했다.

하지만 어려운 조선경기로 인해 사업장 노동조합들은 노동안전 공동요구안을 결의만 하고 사업장 단체협상에서 제대로 다루지 않았다. 박세민은 십수 년씩 품을 들였음에도 건강과 안전문제를 임금협상의 수단으로 삼아 임금만 따내려고 하는 세태에 실망과 허탈감을 느꼈다.

"이렇게 오래 걸릴 거라고 생각하지 않았는데, 그리고 안 된다고 하더

2014년 5월 22~23일 광화문에서 열린 '중대재해 대책 마련 조선분과 상경투쟁'

라도 교섭해서 제지하고 하려는 의지를 보여주는 과정이 축적되면 올해라도 노동안전 요구안을 따낼 수 있는데, 그것이 안 되는 거예요. 우리 산하에 그 많은 노동조합, 어려운 지회들, 새로 신규로 조직되는 지회들도 많고, 하나를 알려주면 둘을 깨우쳐서 실천하는 곳들도 많은데, 이렇게 십수 년 이상씩 그렇게 공을 들여 요구안을 만들고, 또 실천하라고 해도 하나도 바뀌는 게 없고, 임금만 따내려고 하니까 … .

반면에 정부는 움직이고 있어요. 국정감사에서도 제기했고, 어쨌거나 노동부는 필요성을 절감하고 안을 만들어 놓고 있는데 노동자 자신들은 그 내용들을 안 받는 이율배반적인 상황이 발생한 거죠."

노조와 달리 정부는 다단계 하도급 금지 움직임을 보이고 있다. 유해위험 작업에 대한 도급 금지를 전체 법으로 확대시키며 추락위험 작업, (폭)발성물질 취급 작업, 밀폐 공간 작업 등 조선소에서 중대재해가 촉발되었던 작업들을 재도급 하는 것을 금지하는 안이 현재 마련되어 있다.

일터에서 쓰는 화학물질의 실태

박세민은 세상은 쉽게 바뀌지 않는다는 것을 절감하고 있다. 안전보건 운동의 경우만 하더라도 노동자의 건강을 보호할 수 있는 제도들이 마련되어도 규제 완화로 다시금 유명무실해지거나 제대로 지켜지지 않는 상황이 계속 반복되고 있기 때문이다. 산재보험법이 개악되었던 것도 그런 경우였다. 2005년 '산재보험법 개악 저지 투쟁'이 결국 실패로 돌아간 이후 그는 작업장에서 쓰이는 화학물질 실태 조사 사업을 시작했다. 노동자의 건강권을 다시 알리기 위해서였다.

“지금도 마찬가지지만 원래 사업주들은 산재 예방을 위한 법을 지키지 않아요. 한두 시간만 현장 순회를 하면 어느 사업장에서든 몇 백 건씩 위법 상황들을 저희가 지적할 수가 있는데, 특히 안전조치나 방어조치보다 직업병 예방을 위한 공정 밀폐, 국소배기장치 설치나 보건 상의 조치에서 사업주의 관심이 훨씬, 더 많이 떨어져요. 작업장에 가서 보면 용접을 하는 데도, 스프레이 도장작업을 하는 데도 국소배기장치가 없고, 한마디로 개판 오 분 전인 곳이 많아요. 지도 감독을 제대로 하지 않은 정부의 문제, 사업주의 문제를 지적할 수 있고, 2005년 산재보험 개악 이후 다시 안전건강 운동을 활성화할 수 있는 계기도 필요했고요.”

작업환경 화학물질 실태조사 사업이 시작된 2008년 당시 우리나라가 가지고 있는 물질 안전보건 자료의 수준은 산업안전보건공단이 외국에서 로열티를 주고 가져온 데이터베이스 정도였다. 그마저도 물질 중 과반의 성분들이 기업비밀이나 영업비밀로 감추어져 제대로 작성이 안 된 상황이었다.

사업장에 대한 실태 조사 결과, 말 그대로 ‘엉망’이어서 노동자들은 자신이 사용하는 유해화학물질이 어떤 물질인지 몰랐고, 작업이 힘들어진다며 보호구를 착용하지 않고 있었다. 사업장에 공정밀폐나 국소배기장치가 설치되어 있는 경우는 절반도 되지 않았다.

박세민은 조사결과를 토대로 역대 노동부 장관을 포함하여 각 노동부 지방관서장, 산재예방 지도과장을 감사원에 고발했다. 감사원은 이를 검찰로, 검찰은 노동부로 사건 관할을 서로 넘기는 바람에 처벌은 제대로 이루어지지 못했지만, 문제를 확인하고 이를 사회적으로 공론화하는 효과는 있었다.

실태조사 이후에는 '노동환경건강연구소'와 함께 화학물질의 세부내용이 어떤 것인지, 유해물질이 어느 정도 포함되어 있는지에 대한 조사를 시작했다. 유럽연합을 비롯하여 WHO 국제직업성암연구소(IARC), 미국산업위생전문가협의회(ACGIH) 등에서 발암물질 1, 2급으로 규정하고 있는 물질 목록을 기준으로 삼아 이 목록 중 대한민국에서 발암물질로 규정하고 있지 않은 물질이 얼마나 존재하고 있는지 조사했다. 이런 과정을 거쳐서 나온 것이 『발암물질 목록 버전 1.0』이다.

"대한민국은 발암물질로 규정한 것이 56종, 유럽과 미국의 기준은 대략 500여 종이에요. 그 500여 종이 작업장에 얼마나 있는지를 조사했고, 그런 과정을 거쳐서 발암물질 목록 버전 1.0이 나왔던 거죠. 그리고 이것을 가지고 우리가 얼마나 쓰고 있는지 찾아본 거예요, 90개 사업장 정도에서요. 1, 2, 3급 발암물질과 생식독성물질, 유전자변이물질 이런 것들을 포함해서 구분하니까 47%가 그런 고독성 물질이었어요. 발암물질인지 모르고 쓴 경우가 거의 70%가 넘었고, 국소배기장치가 제대로 설치되지 않거나 공정밀폐가 제대로 안 되어 있는 경우도 한 70% 정도 나왔고요."

우리나라는 현재 사업장에서 쓰는 약 8만 가지 물질 중 1천 가지만 유해성분을 분류한 상태이다. 나머지 7만 9천 가지는 향후 몇십 년 후에 노동자들의 건강에 어떤 영향을 미칠지는 아직 규명되지 못했다. 교육과 정보가 없는 상황에서 사업장에 유해물질이 얼마나 있는지 조사하는 것은, 그렇기 때문에 커다란 사회적 의미가 있는 일이었다.

조사 이후 사업장 차원의 대책 마련에 들어갔다. 원료 구매 과정부터 독성물질이 구매되지 않도록 차단하고, 이를 대신할 대체물질을 사용하도록 노사교섭과 단체협약을 체결하게끔 지도했다. 여기에 한 발 더 나아가 금속노조는 발암물질을 작업장에서 없애자는 '발암물질 없는 일터 만들기' 운동과 함께 사회 전체에 이러한 인식을 확산하도록 시민사회와 함께 '발암물질 없는 사회 만들기 국민행동'을 출범시켰다.

"우리가 그런 위험물질을 사용해 제품을 만들면 그것이 사회에 유통되고, 결국 사회 전체가 독성발암물질에 노출될 수밖에 없다는 문제의식을 갖고 작업장 내에서부터 안전한 물질로 교체하자는 운동이죠."

이 활동 결과는 뚜렷한 성과를 낳았다. 극압첨가제로 쓰이는 '짧은 사슬 염화파라핀' 사용량이 5천 드럼이나 감소한 것이다. 짧은 사슬 염화파라핀은 각국에서 저감실태를 조사해서 보고하고 있는 고독성 환경잔류 물질 중 하나이다. 그 동안 염화파라핀은 원래의 용도 외에 세척력과 보호력이 우수하다는 이유로 기계가공유 업체들에 의해 여기저기 사용되고 있어서 환경부에서도 저감에 어려움을 겪고 있었다. 금속노조가 기계가공유 업체들과 맺은 '금속가공유 유해물질 가이드라인 협약'이 염화파라핀을 시장에서 퇴출시키는데 큰 역할을 한 것이다.

"제조업체들과 금속노조 간에 체결했던 기계가공유 유해물질 가이드라인 협약이란 이런 거예요. 사업장에 제품이 들어오면 독성정보 시험성적서를 요구하고, 암을 일으키는 제품들은 안 쓰기로 사업주와 규정을 만들었어요. 그러니 금속노조 사업장에 납품하려고 하면 그 물질을 넣으면 안 되었던 거야. 협약 참가 업체에서 만든 기계가공유를 우선 사용하도록 공고하고. 그러다보니 자본주의 사회니까 생존하기 위해 다 협약을 맺게 되는 거죠. 그러면서 우리가 직접 공장에 가서 샘플을 채취하거나 유통하는 곳에 가서 직접 사다가 분석해서 검증하는 작업도 했어요. 이렇게 하니까 어느 날 갑자기 염화파라핀이 사라져 버린 거죠."

2013년과 2014년에는 '유해물질 가이드라인 협약'을 국내에만 적용했지만, 2015년부터는 국내에서 생산하는 해외수출품까지 적용 범위를 넓혔다. 제3세계 노동자들이 '모르고 그냥 샀어도' 위험물질에 노출되지 않도록 하기 위해서였다. 현재는 페인트 도장 부문에서 업체들과 '가이드라인 협약'을 추진하고 있다. 페인트 도장은 백혈병을 유발하는 벤젠이 가장 많이 사용되고 있다. 정부에서도 벤젠이 0.01% 이상 함유된 제품에 대해서는 불량품으로 간주하고 시장에서 퇴출시키는 형태로 정책제도를 개선하고 있다.

안전보건활동을 일상적 사업으로

안전보건 분야는 인력이 충분치 않다. 그렇기 때문에 각 사업장에서 재해 예방을 담당할 수 있는 간부들을 만들어 내는 일은 중요한 문제이

2010년 3월 3일 금속노조의 '발암물질 진단사업 결과 발표' 기자회견(사진 위)
2014년 9월 24일 금속가공유 유해화학물질 가이드라인 협약 설명회.

다. 금속노조에는 현재 박세민을 포함하여 4명의 노동안전보건 간부가 일하고 있다. 민주노총 16개 가맹조직 중에는 안전보건담당자가 없는 조직도 많다. 재해 예방사업은 조합원들과 일상적으로 밀접하게 연관되어 있음에도 부족한 인력으로 인해 안전보건 간부 중 한 명이 그만두게 되면 단위노조나 현장에서는 활동을 거의 할 수 없는 상태가 되고 만다.

90년대까지 노동계에서 안전은 복지에 엮혀져 '한 묶음으로' 다루어졌다. 복지와 안전 부문은 필요한 것이긴 하지만, 있으면 좋고 없어도 살 수 있는 것으로 여겨졌다. 박세민은 권력자의 필요에 의해 잘라낼 수도 있고, 줄일 수도, 밟을 수도 있는 부분으로 취급된 것이 이 분야라고 이야기한다. 노동조합 활동을 불온시하는 풍토와 상대적으로 적은 관심, 부족한 인력, 노동자 건강 사업은 어려운 영역이라는 편견 등이 안전보건 운동을 더욱 힘들게 하는 요인이다.

"다른 전국 단위 노조들의 경우에 혼자서 담당하는 경우가 많으니 회의 들어가기에도 바빠요. 그러니까 병원에서 어떤 안전보건 문제가 생겨도 그 경험을 나눌 겨를도 없어요. 사람이 없으니 물리적으로 못하는 거죠. 사실 서비스 노동도 그렇고 안전보건 문제가 없는 영역이 없잖아요. 노동자가 겪는 고충이니 어려움이 일상적으로 보면 다 건강의 영역이고 안전보건의 영역인데 거기까지 생각이 안 미치는 것 같아요. 간부들을 동원하고 투쟁하는 것에서 벗어나지 못한 측면이 있고."

노동조합 활동은 대개 봄부터 여름 사이에 이루어지는 임단협(임금인상과 단체협약)을 위주로 돌아가는 것이 현실이다 보니, 이것이 종료되면

조합원의 필요나 고충을 아우를 수 있는 사업에는 힘이 미치지 못하는 점이 있다. 그러나 사실 안전보건은 집에서 나와 퇴근할 때가지 쭉 계속되는 문제가 아니던가. 그래서 박세민은 안전보건활동을 노조의 일상적인 사업 영역으로 정착시키기 위해 각 사업장의 안전보건 간부를 교육하고 육성시키는 사업에 힘을 쏟고 있다. 이들 인력들이 바탕이 되어야 금속노조의 안전보건활동을 탄탄하게 할 수 있기 때문이다.

제 역할을 한 정부는 없었다

박세민은 20년이 넘는 시간 동안 안전보건운동을 하면서 '제 역할을 한 정부는 없었다'고 말한다. 매년 반복되는 원인으로 작업장에서 노동자가 죽고, 다치고, 아프지만 어떠한 정부도 그것을 막기 위한 제 역할을 다하지 않았다는 것이다.

"어느 정도냐면, 보통 산업재해가 발생하면, 사업주가 노동자를 재해로부터 보호해야 할 법적 의무가 있잖아요, 그런데 이 법적 의무를 다했는지 노동부에서 조사를 안 해요. 죽거나, 3개월 이상의 치료가 필요한 사람이 2인 이상 동시 발생하는 걸 중대재해라고 하는데, 이 중대재해만 조사 대상이에요. 그 밑으로 죽거나 3개월 이상 두 명 이상 발생 안 하는 재해는 조사를 안 해요. 그러니 계속 똑같은 재해, 끼고, 떨어지고, 타 죽고, 질식해 죽고, 이런 것이 매년 계속 터지는 거예요. 그게, 그게 딱 현실이죠. 한 20년 지켜봤는데, 단 한 번도 정권을 누가 잡든, 야당이든, 여당이든 상관없이 제 역할을 한 정부는 없었어요."

재해예방 문제에서 가장 중요한 것은 노동자가 문제를 자각하고 민주적 방식으로 실행하는 것이다. 안전보건 활동은 조합원들이 일상에서 부딪치는 문제이기 때문에 제대로 문제제기 하면 당연히 호응을 얻을 수 있다는 것이 그의 생각이다. 그러나 현재 조합 내의 안전보건 활동은 임단협을 중심으로 요구를 걸고 간부를 동원해서 해결하는 것, 노안부장이 해야 하는 것으로 간주되는 경향이 있다. 이렇듯 매 사업마다 중앙조직에서 내리는 투쟁방침, 조직방침, 실천방침에만 익숙하다보면 노동자 스스로의 자발적 문제의식이 사라질 수도 있다는 것이 그의 걱정이다.

"중앙의 지침과 방침이 민주적인 사업 방식과 어우러져 시너지 효과를 내야 하는데, 이게 사실은 간부 중심의 동원과 집회, 이런 것 중심으로 되고 있는 거예요. 그래서 별 고민을 안 해도 돼요. 뭘 해야 될지 다 내려주니까. 우리 애들에게 '공부만 하면 돼' 하듯이. 그러니까 자기가 뭘 하고 싶은지 생각하고 경험해보고 여행도 다니고 놀면서 결정하는, 그 기회를 사실은 안 줘버리는 거예요."

전노협(전국노동조합협의회) 시기에는 각 운동 주체들은 누가 시키지 않아도 정권이 가하는 탄압의 실체가 무엇이고, 문제가 사업장 내에서 어떻게 야기되는지, 어떻게 싸워야 하는지 각 업무영역별, 지역별 모임을 통해 민주적으로 논의하고 결정해서 실천했다.

그는 당시의 운동방식에 대해 "사업장 내에서 실천 과제를 스스로 결의하고 조합원들과 나누며 하나의 유기적 생명체로 굴러갔다"고 기억한다. '지침 내려 먹이기' 식의 사업방식은 각 단위 조직의 자생력이 사라지게 만들었다. 각 현장에서 자생적으로 육성된 간부가 없으니 계속 상근직 간부가 동원되는 악순환이 반복되는 것이다. 이것이 박세민이 민주적 사업 방식, 조합원 스스로가 체득하는 자율성을 주요한 고민 과제로 삼고 있는 이유이다.

금속노조 노동안전보건실에서는 2014년부터 두 해에 걸쳐서 안전보건담당자들을 위해 3종의 지침서를 출간했다. 『산업재해보상 지침서』, 『노동안전보건활동 지침서』, 『산업안전보건법 위반 점검 지침서』가 그것이다.

지침서를 펴낸 이유는 각각의 사업 과제나 의제에서 조합원들이나 노동자들을 보호하기 위해 어떻게 해야 하는지, 어떤 방법과 내용으로 해야 하는지 등 노동자와 활동가들이 막막해 하는 부분들을 알려주기 위해서다. 현장에서는 이 지침서를 '따라 하려고 하기만 해도' 충분히 의미 있는 활동을 할 수 있다고 평가하고 있다.

"금속노조는, 고인 물은 썩는다는 분위기가 있어서 한 집행부를 연속해서 두 번 뽑아주는 경우가 없어요. 같은 사람이 계속 그 활동을 하게 되면 경험도 축적되고 전문성도 갖춰지는 장점이 있는데, 저희 같은 경우 그럴 수가 없어요. 그러니까 아무 것도 모르다가 임기 말쯤 이제 알게 된 것을 바탕으로 일을 해보려고 하면 임기가 끝나는 거지요. 그래서 전달되어야 하는 경험이나 놓치지 않고 해야 하는 것이 어떤 것인지 사례도 구체적으로 쓰고, 목차별로 정리하고, 우리가 아는 언어로 읽기 아주 쉽게 알려주는 지침서를 만들어 내게 된 것이죠. 저 혼자 쓴 것도 아니고 같이 했던 동지들과 함께 공동으로 쓰고 그렇게 해서 만들었던 거죠."

노동이 존중되어야

노동자의 건강 문제를 해결하기 위해서는 안전과 건강에 대한 요구가 자연스럽게 나올 수 있도록 '노동에 대한 존중'이 필요하다는 것이 박세민의 생각이다. 고용 안정과 좋은 일자리를 위한 물적 토대는 이미 마련되어 있다. 그러나 우리 사회는 부가 공정하게 분배되고 나쁜 일자리가 없어지도록 하는 행동에 나서고 있지 않다. '언제 잘릴지 모르는 사람들'은 당장 죽는 문제가 아니면 안전에 대한 권리주장을 하기 힘들다.

"우리가 세계 한 10위 정도의 경제대국이잖아요. 돈이 무지 많아요. 부모들이 열심히 일해서 자식들을 키우고 떳떳한 사회적 주체로 설 수 있도록 했지만, 이 돈이 제대로 분배가 안 되면서 일을 하고 싶어도 할 수가 없는 상황이 된 거죠. 노동이 존중되고 일하고자 하는 사람들에게 일자리가 보장되면 그 속에서 안전에 대한 요구는 자연스럽게 나오는 것이거든요."

한 예로 조선소에서 비정규 하청노동자의 사고는 더 많이 감춰진다. 다쳐도 회사 밖에서 다친 것이 되고, 119 구급차가 아닌 트럭으로 실려 나오는 그들은 "목숨에도 계급이 있다."며 자조적으로 말한다. 하청업체들은 산재보험료를 줄이고 원청과의 재계약에 불이익을 받지 않기 위해, 그리고 하청 노동자는 고용불안 때문에 자청해서 재해를 묵인하고 숨기는 면이 있다. 그렇기 때문에 고용 안정과 좋은 일자리, 안전보건 문제는 서로 떨어진 문제가 아니라 함께 가는 문제인 것이다.

"조선소에서 하청 노동자가 비정규직으로 들어와서 다쳤는데 산재 처리를 한다고 하면 먼저 조선소 출입증을 뺏어요. 문제는 조선소 노동자들은 부산에서 일하다가, 울산 갔다가, 거제 갔다가, 목포 갔다가 이렇게 돌거든요. 그런데 이게 취업 제한 블랙리스트에 올라 버리는 거야. 산재 경험이 있다고 하면 조선소에서 밥을 벌어먹을 수가 없어요. 그러니까 산재 처리를 못하는 거지. 쉬운 과제가 아닌 거예요. 고용안정과 같이 가 줘야 하니까."

변화는 느리고 갈 길은 멀다. 어렵게 노력해서 제도 개선을 이뤄도 '발전'과 '성장'이라는 명목으로 슬그머니 원상태로 돌아가는 일이 부지기수이다. 이런 조건 속에서 변화의 움직임을 다시 불어 넣는 것이 쉬운 일이 아니다. 박세민이 만났던 대부분의 사람들은 문제를 알고 이를 자기 문제로 공감하면 작은 실천이라도 하려고 했다. 정작 문제는 그러한 실천을 할 수 있는 공간이나 연결 고리를 못 만들고 있다는 데 있다. 그의 세대는 "공부하지 않고 데모만 했더라도 취직할 곳이 있던" 세대였지만 지금의 젊은 세대들은 함께 토론하고 놀면서 자신의 생각을 트이게 하는 기회조차 없다. 입시 공부가 끝나면 다시 취업 공부를 해야 하는 현 상황은 젊은이들을 기업에 정형화된 상품으로 찍어내고 자기 판단 기준을 가지지 못한 사람으로 만들고 있다는 것이 그의 말이다.

"데모하고 토론하고 모임하고 동아리 활동하고 그래도 회사 들어가서 업무하는데 아무 문제가 없거든요. 대학 나오면 예전엔 지식인이라 했잖아요. 지식인이면 자기 판단 기준을 가져야 하는데 그런 부분들이 이제 없어졌다는 거죠. 어떻게 보면 미래 세대를 멍청이로 만들고 있는 거죠."

비슷한 맥락에서 안전보건 간부 교육에 있어서 그가 생각하는 가장 이상적 방식은 '토의식 교육'이다. 토의를 통해 실제 사례를 공유하고, 자신의 이야기를 하는 과정은 함께 고민하는 능력을 키워주며, 이는 조합원 개인뿐 아니라 노동조합의 역량을 더욱 강화하는 힘이 된다. 하지만 한정된 자원과 인력으로 산하 300여 개별 공장 모두에 토의식 교육을 진행하는 것은 어려운 일이다. 예를 들어, 작은 공장이라 하더라도 최소 10개의 공정이 있는데, 이들 모두에게 2시간의 토의식 교육을 진행한다면 최소한 20시간의 교육시간이 확보되어야 하기 때문이다.

"주입식의 일방적인 교육은 사실 한 귀로 듣고 다른 쪽 귀로 흘려버려요. 그런데 자기의 문제에 대해서 얘기하고 동료의 얘기를 들으면서 이걸 어떻게 해결할 것인지 같이 고민하면서 배우는 것은 완전히 자기 것이 되는 거거든요. 노조들도 그게 너무 좋다는 걸 아는데, 그런 교육을 하는 게 힘들고 피곤하니까 잘 안 되는 거지요."

박세민은 노동자가 스스로 움직이며 큰 결과를 가져올 수 있다는 것을 과거 경험을 통해 잘 알고 있다. 2004년 근골격계질환 예방의무 법제화 이후 처음 근골격계 유해요인 조사를 할 때 노동자의 역량을 그대로 알 수 있었다. 당시 근골격계 조사를 할 때 3가지의 조사방식이 있었다. 첫째는 조합원들이 스스로 조사를 한 방식, 둘째는 외부 전문기관에 조사를 의뢰한 방식, 셋째는 안전관리자가 조사를 전담한 방식이었는데, 이 중 첫째 그룹이 작성한 보고서가 가장 우수했다. 질병발생 위험요인을 찾고 작업장 개선을 하는데 효과적인 방법들이 많이 제시된 것이다. 이때의 경험은 그에게 노동자들이 자기 문제를 스스로 인식하고 해결책을 찾는 것이 얼마나 중요한지를 알려주었다. 이 경험을 바탕으로 2007년 포항에서 진행한 작업장 유해요인 조사에서는 조합원들을 차출하여 안전보건 담당 간부로 삼아 각 작업장의 위해요인조사단을 구성하였다.

"월요일에서 금요일까지 그 쪽의 간부들을 훈련시켜서 포항에 있는 산하 모든 사업장들을 5개월 동안 직접 조사했어요. 포항 쪽은 작업장들이 작아서 조합원들이 작게는 30명에서 많은 수준이면 100명 정도였어요. 조합이 작다보니까 안전담당 간부가 없잖아요. 그래서 임단협 교섭위원 중 한두 명을 근골격계 사업장 위해요인 조사 담당 인력으로 묶고, 이 사람들로 위해요인조사단을 구성했어요. 2박 3일 정도 인간공학적인 근골격계 유해요인 평가 기법을 포함한 교육을 시켰어요. 그 후에 직접 가서 작업장 평가를 하는데, 사실 평가가 쉽지 않았을 거예요, 단기 교육 받은 것뿐이니까. 그런데 서로 토의를 통해서 어떤 문제가 있는지, 평가는 적절했는지 판단하니까 인간공학적인 기법이니 뭐니 해도 별로 어렵지 않더라구요."

그렇게 1차 조사보고서가 나온 후 조사단의 조합원들이 다른 조합원들에게 보고서 발표를 하고 서로 토의를 하도록 했다. 이때 조합원들이 더 쉽게 말문을 트게 만드는 프로그램을 넣었는데, '인체그림에서 아픈 부분에 스티커 붙이기', '작업장 안전지도 만들기' 같은 방식을 보조적으로 사용했다. 그러자 말을 잘 안할 것 같았던 노동자들이 감당이 안 될 정도로 많은 말을 쏟아냈다. 한 사람이 말을 하면 그 이야기에 대해 각각의 의견이 나왔고, 서로 토론하고 질의하고 반론을 제기하면서 하나의 결론을 만들어 내었다.

그는 이 과정을 통해 노동자들이 근골격계질환의 문제를 인간공학적이고 기술적인 문제가 아니라 더 근본적인 문제로 받아들이고 있다는 것을 깨달았다. 노동자들은 부족한 인력, 장시간의 노동, 회사의 현장 탄압이나 통제와 같은 근본적인 문제에 의해 몸이 아프다는 결론을 냈다. 참여형 교육과 훈련 프로그램은 문제를 정확하게 인식하게 만들었다.

그렇기 때문에 박세민은 앞으로 '긴 호흡을 가지고' 안전한 일터 확보를 위해 일하고 싶다고 했다. 조합원 교육뿐 아니라 안전보건 활동의 모든 일이 길게 꾸준히 해야 할 일임을 다시 한 번 느끼고 있다.

그동안 금속노조는 근골격계질환 사업주 예방 의무, 유해위험물질 방지계획서, 공정안전 보고서, 발암물질 목록 확대, 발암물질 산재 인정 기준·근골격계·심혈관계 질환 인정 기준 확대 등 중요한 재해 예방 정책들을 만들어 냈다. 그 과정도 길고 험했지만 막상 만들어진 제도들이 정부의 부실한 감독, 사업주와 작업현장의 낮은 인식 때문에 제대로 실현되지 못하는 것이 지금의 현실이다. 박세민의 목표는 이제 만들어진 법이 제대로 실행되도록 조직적으로 노력하는 것이다.

'소규모 사업장 노안활동가 양성 프로그램'에 참가한 활동가들이 현장도면을 그리고 위험지도를 완성하는 모습.

"노동자 건강이나 노동안전보건을 잘하고 있는 나라들과 한국을 비교하면 사업주의 기본 인식 자체가 달라요. 예를 들면, 덴마크 쪽의 산업안전보건법의 정신이 어떻게 표현되고 있냐 하면, '그 나라에서 적용할 수 있는 모든 과학기술의 총화가 노동자의 작업안전을 위한 기준으로 확보되어야 한다. 그게 사업주의 의무이다' 이렇게 말하고 있어요. 그러니까 우주선의 화장실 기술이 작업장의 화장실에도 적용되어야 한다는 거죠. 세부적으로 뭘 해라 이렇게 정하지는 않았지만. 우리나라는 뭘 해라 뭘 해라 이렇게 되어 있지만, 그것을 지키는지를 정부에서 감독하지 않고 사업주는 '몰랐다' 그래 버리고 말아요. 몰랐다고 하면 5,000만 원짜리 벌금 부과될 거 한 20만 원 부과되는 그런 상황이에요. 제도 상으로는 사업장 예방 의무를 딱 정해 놓고 구체적인 처벌도 있어요. 인식이 낮아서 우리가 제대로 못 쓰고 있는 거죠."

안전보건 활동가로서 25년의 시간을 살아 온 박세민은 일종의 '종합예술활동가'였다. 작업장에서 일어난 각각의 사고에 대해 일일이 승인 불승인 투쟁을 했다. 사업장별로 노동자를 조직하는 조직가의 역할도 했다. 노동계의 네트워크를 연결하는 일도 했다. 금속노조라는 큰 조직을 통해서 정책과 제도를 기획하고 입안하고 만들어 내기도 했다. 안전보건운동이 나아갈 방향을 제시하는 역할도 하게 됐다. 문송면이 누군지도 원진레이온 사건이 무엇인지도 모르고 일을 시작했던 활동가가 어느새 노동자의 건강과 안전을 위해서 모든 일을 하는 사람이 되어 있었다. 전진과 퇴보를 반복하며 성공과 실패를 거듭했지만 금속노조라는 거대 조직 속에서 할 수 있는 최선의 것을 하려고 항상 노력했다. 너무 많은 일 때문에 금속노조의 안전보건실장으로 전체적인 방향을 설정하고 고민할 수 있는 시간은 절대적으로 부족하였다. 그러나 주어진 현실 속에서 최선을 다 하고 싶었다.

박세민은 "이제야 좀 세상 돌아가는 것을 깨우치고 긴 호흡으로 보게 되었다."고 한다. 긴 호흡으로 안전보건 분야의 인력을 육성하는 데 힘을 쏟고, 만들어진 제도들이 제대로 지켜지도록 노력하는 것이 남은 시간의 과제라고 생각한다. 그 후에 그는 무엇을 할까? 지난 30년을 집회와 시위로 보낸 것 같다고 회고하는 그는 고향 태백으로 돌아가서 조용하게 살고 싶다고 한다. 고향에서 지역 사람들과 함께 살아가며 그들의 이야기를 듣고 고충을 상담해 주는 일을 하고 싶단다. 태백에서도 여전히 할 일이 많은 삶을 살 것 같다.

민주노총 전국금속노동조합

박세민 금속노조 노동안전보건실장은 1990년 초, 산재추방운동이 개인이나 사업장 단위의 초보적 문제 제기를 넘어 노동자 단체를 통한 조직적 활동으로 전개될 무렵에 안전보건활동을 시작했다. 또 민주노총의 전신인 '전국노동조합협의회(전노협)'시절부터 현 '민주노동조합총연맹(민주노총)'까지 산업안전보건 정책을 만들어 내고 실현하기 위해 노력해 왔다. 그 동안 여러 차례 노동환경과 노동정책의 격변기를 겪으며 몸 사리지 않는 투쟁으로 안전보건 정책과 대안을 만들어 왔고, 그렇게 만든 정책이 규제 완화 등의 명목으로 다시 제자리로 돌아가는 과정을 겪었다. 긴 시간 동안 수많은 부침에도 불구하고 산업안전보건 활동을 지속해왔던 것은 '문제를 알았고, 그것이 어떤 문제로 이어질지 보였기 때문'이었다. 안전하고 건강한 일자리 문제는 누구도 대신할 수 없는 우리 자신의 문제이며, '피해서도 안 되고 피할 수도 없는' 것이어서 계속 자리를 지켜올 수 있었다. '전국금속노동조합(이하 금속노조)'은 민주노총 내 최대 산별노조로 기계, 철강, 조선, 전기전자, 조선, 자동차, 자동차 부품을 포함하는 전국 18만 조합원이 소속된 노동조합이다. 2017년 현재 금속노조는 현대중공업, 한국지엠, 기아자동차, 현대자동차, 쌍용자동차 등 6개 기업지부와 14개 지역지부를 포함한 20개 지부, 220개의 지회로 구성돼 있고, 산업안전보건 운동을 포함해 노동현안 투쟁에서 가장 영향력 있는 활동을 전개하고 있다. 박세민은 현재 금속노조 노동안전보건실에서 강정주 국장, 나현선 국장, 윤덕기 부장과 함께 일하고 있다. 노동안전보건실은 그 동안 근골격계질환 실태조사와 집단 산재 신청 투쟁, 근골격계질환 사업주 예방 의무 법제화, 중대재해 예방 투쟁, 작업장 유해화학물질 대책사업, 산재보험 제도 개혁 투쟁 등 산업안전보건 관계 법률과 제도의 마련과 개선에 큰 역할을 해왔다. 앞으로는 사각지대에 놓인 미조직·비정규 중소영세노동자의 작업환경 개선과 건강권 보장을 위해 더 많은 역량을 모을 계획이다.

박세민 약력

1968년 강원도 태백 출생

1986년 대학 입학(무역학 전공), 학생 운동

1991년 안산 반월공단 취업, 공단 노동자 조직 활동

1992년 군 입대, 안산 공단 노동법 학습모임에 대한 용공조작사건으로 복역 후 전역

1993년 〈인천산업사회보건연구회〉 창립 실무자로 산업재해상담 및 노조예방사업 지원

1993년 〈산업재해 없는 일터회〉 총무

1995년 〈인천산업사회보건연구회〉 상담실장

1997년 〈인천산업사회보건연구회〉 기획실장

1998년 민주노총 인천본부 산업안전보건 부장. 근로복지공단 IMF 고통분담 대책에 대한 투쟁.

1999년 민주노총 인천본부 산업안전보건 국장. 인천지역 근골격계 질병 사업장 실태 조사인천제철 중대재해 대책활동. 산재노동자 이상관 자살 책임자 처벌과 근로복지공단개혁 투쟁.

2001년 금속노조(금속산업연맹) 노동안전보건국장. 금속산업연맹 노동안전보건 간부 육성. 금속산업연맹 노동안전보건활동 집행체계 구축. 지역본부 · 자동차업종 · 조선업종 노동안전보건 담당자 회의 운영

2001년 근골격계 직업병 전국순회간담회

집단 산재신청 투쟁 조직. 조선업 중대재해 예방대책 투쟁 전개

2002년 노동강도 강화저지! 근골격계질환 대책 마련! 전면투쟁 돌입. 근골격계질환 대책 단체협약 체결투쟁 – 금속노조 지회 70% 체결. 인천지역 근골격계

질환 실태조사 발표 및 대책 마련을 위한 공청회 개최. 금속산업 근골격계질환 실태조사 발표 및 사업장 대책 마련 토론회 개최. 대전 · 충북지역 근골격계질환 실태조사 및 공청회 개최. 경남지역 근골격계질환 1차 집단 직업병 인정 투쟁. 충북지역 근골격계질환 1차 · 2차 집단 직업병 인정 투쟁. 군산지역 근골격계질환 1차 집단 직업병 인정 투쟁. 근골격계질병 사업주 예방의무 법제화 쟁취 투쟁 전개. 보건복지부 건강진단제도 개악 저지 투쟁. 특수검진결과 축소조작 규탄과 건강검진제도 개선 투쟁. 주물사업 종사 노동자 직업성 진폐 대책 투쟁. 구조조정분쇄! 노동강도 강화 저지! 산재대책 마련 민주노총 공동투쟁위원회 제안 구성. 산업안전공단 직업병연구센터 부실 역학조사에 대한 항의 투쟁. 금속노조 안전보건활동 평가 및 중장기적 전략 수립을 위한 실태조사. 고용노동부 조선업 산재예방 기술전문위원

2003년 근골격계 직업병 예방대책 마련 공동투쟁 조직. 금속노동자 401명 근골격계 직업병 집단요양신청 투쟁 조직 . 근골격계 직업병 사업주 예방의무 법제화 쟁취. '근골격계 부담작업범위 고용노동부 고시(안)' 공청회 봉쇄 및 노동부 면담 및 농성투쟁. 근골격계직업병 투쟁 확대를 위한 민주노총 공동투쟁 조직. '안전보건 규제완화 반대, 근골격계 예방대책 마련, 노동자 건강권 쟁취' 정부1청사 노숙농성투쟁. 구속 · 쌍용자동차 근골격계 전원 산재승인 쟁취투쟁 관련 집회. 근골격계직업병 인정기준 개악과 치료제한 기도 대응 투쟁. 조선업 재해 예방 전담팀 해체 반대 노동부 점거 투쟁. 국가규제개혁위원회 산업안전보건제도 개악 추진 대책 투쟁. 석면 취급 사업장 실태조사 『근골격계질환 대책활동 지침서』 민주노총과 공동 발간

2004년 최초 근골격계 유해요인조사 대책 활동 · 산재보험 제도개악 저지 투쟁. 고 여종업 노동자 산재치료 중 자결 근로복지공단 안산지사 점거투쟁. 동일 작업

동일 질병 산재불승인 근로복지공단 경인본부 점거투쟁. 근골격계 인정기준 처리지침 폐기와 산재보험 공공성 확보 투쟁

2005년 노무현 정권 산재보험 전면적 제도 개악 대응 투쟁. 하이텍노동자 집단정신질환 산재인정/ 산재보험 제도개혁/ 방용석 퇴진 250일 농성투쟁. 금속산업 중대재해 비상대책활동 등 산재사망 대책 투쟁. 직무스트레스 건강장해 예방대책

2006년 산재보험 3대 개악지침 폐기 투쟁(근골격계질환 업무관련성 인정기준 처리지침, 요양업무처리규정, 집단민원대응요령). 금속사업장 노동안전보건 실태 조사. 산재보험제도 공공성 강화 및 노동건강쟁취를 위한 전국 순회교육 및 간담회

2007년 15만 금속노조 안전보건 활동체계 구축 사업. 노동자 건강권 쟁취 실천단 조직. 산업안전보건법 개악 저지 노동부 과천청사 농성투쟁. 산재보험법 개악 저지 및 전면개혁 쟁취 투쟁. 작업장 혁신과 노동강도 완화를 위한 대책사업. 포항지역 근골격계 유해요인조사 지역조사단 운영. 노동안전보건 기획선전 23종 발행

2008년 금속사업장 화학물질 취급 실태조사. 안전보건 규제완화 대응 투쟁. 노동자 건강권 쟁취 전국순회 투쟁. 100인 이하 사업장 노동안전보건활동 강화 대책 사업. 지게차에 의한 중대재해 예방 대응지침. 『금속노조 노동안전보건 활동지침서』 발간

2009년 금속노동자 건강권 확보를 위한 발암물질 추방투쟁. 쌍용차 등 장기투쟁 사업장 정신건강 대책투쟁. 작업환경개선단 운영 중소사업장 작업환경 개선 및 건강권 대책활동. 부당한 산재불승인 지역별 대응체계 구축. 화학물질(MSDS) 안전 취급 관리 대책사업. 소규모 사업장 노동안전보건활동가 육성

2010년 산재보험 제도개혁을 위한 노사정 TF회의 민주노총 대표 · 직업병 판정제도 개선, 근골격계질환 인정기준 · 뇌심혈관계질환 인정기준 · 직업성 암 인정기준 개선 추진. 산업재해보상보험 및 예방심의위원회 정책전문위원회 전문위원(2010. 11. ~2017.9. 현재). "발암물질 없는 안전한 일터와 건강한 사회를 만들기 위한 금속노조 투쟁 선포". 금속사업장 발암물질진단사업 결과 발표 및 대책마련 투쟁. 발암물질 없는 건강한 자동차 만들기 운동. 이명박 정권 산업안전보건업무 지방이양 반대투쟁. 조선업 자율안전관리정책 폐지, 생산 중심 경영시스템 척결과 안전경영시스템 구축 투쟁.2010년 근골격계 유해요인조사 대책 투쟁

2011년 산재보험제도개혁 투쟁(업무상질병판정위원회 구성 운영 개혁)발암물질 없는 안전한 일터 만들기 운동발암물질 없는 사회 만들기 국민행동 조선업 중대재해 대책 마련 10대 요구 쟁취 – 노동부 통영지청 농성투쟁직업성 암 집단산재신청 투쟁

2012년 산재보험제도 개혁투쟁(산재보상보험법 직업성 암, 근골격계 질병, 뇌심혈관계질환 인정기준 · 업무관련성판정지침 개혁). 철강사업장 발암물질 실태조사/ 사업장 위법사항 실태조사/ 산재은폐 실태조사/ 특수건강검진 위법사항 실태조사 및 대책투쟁. 3차, 4차 직업성 암 집단 산재신청. 수면조사 실태조사 및 야간노동자 건강보호 마련 법 개정 투쟁발암물질 없는 안심산업단지 만들기 사업. 발암물질 없는 울산 만들기, 발암물질 없는 군산 만들기. 기계가공유 유해화학물질 가이드라인 협약 제정. "가칭–중대재해특별법(기업살인법)"제정, 원청의 책임성 강화 투쟁

2013년 산재보험제도 개혁(근골격계질환 재해조사 및 업무관련성 판정지침) 촉구, 고용노동부 농성투쟁. 조선업 적정기성 보장 · 다단계 하도급 금지 투쟁. 철강

산업 노동안전보건 활동체계 구축, 철강산업 작업환경 개선과 직업성 암 예방대책, 철강산업 야간노동 및 교대제 건강영향평가 실태 조사 및 대책활동, 철강분과 비정규직 노동자 건강권 대책활동, 조선업 중대 재해 근절 및 '안전하고 건강한 조선소 만들기', 산재사망 기업 처벌, 원청 책임 강화투쟁, 울산 북구 '매곡산단 안심산단 만들기' 사업

2014년 근골격계 재해조사 시트개정 촉구 과천정부종합청사 노숙농성투쟁, 발암물질 및 금속 가공유 대책사업, 현대제철 당진공장 중대재해 대책 활동, 조선업 중대재해 척결, 적정 기성 보장 · 다단계 하도급 금지 투쟁, 현대중공업 그룹 노동안전 근본대책 수립 및 정몽준 대국민사과 촉구투쟁, 삼성전자서비스 노동안전보건 실태조사 및 건강권 확보 대책투쟁, 도료 · 희석재 유해물질 가이드라인 제정 투쟁, 근골격계질환 직업병 대응과 집단 산재인정 투쟁, 근로복지공단 개혁 및 산재판정제도 개선투쟁, 동희오토사내하청 황재민 씨 뇌혈관질환 산재인정 투쟁, 한국-인도네시아 공동 노동안전보건 교육훈련 및 교류 사업, 'PVC 없는 학교만들기' '울산 매곡산단 안심산단 만들기' '발암물질 없는 군산만들기'『산업재해보상 실무 지침서』『노동안전보건활동 지침서』출간

2015년 근로복지공단 산재불승인 및 강제치료 종결 대책투쟁, 기계가공유 취급사업장 작업환경 개선 및 작업자 보호대책, 발암 · 독성화학물질 취급 사업장 작업환경 개선 및 작업자 보호대책, 위험성평가 전국 대책위원회 구성 운영 및 금속노조 평가 기준 마련, 조선분과 중대재해 대책활동과 제도 개선, 안심산업단지 만들기 사업 계속 추진, 발암물질 없는 울산, 군산, 만들기 활동, 『산업안전보건법 위반 점검 지침서』 출간

2016년 서울업무상질병판정위원회 개혁과 최선길 위원장 퇴진 투쟁, 불법적인 노

조탄압 인권탄압에 기인한 정신질환 산재 인정투쟁. "더 쉽고 더 편안하고 더 안전한 일터" 건강권쟁취 투쟁. 조선업 중대재해 대책 투쟁. 도료 · 희석재 유해물질 가이드라인 협약 추진

2016년 위험성 평가 및 근골격계유해요인 조사 대책 사업. 신규노동조합 안전보건 점검 및 산업안전보건법 위반 처벌 투쟁. 금속노조 노동안전보건정책단 구성 운영

2017년 16년 근골격계유해요인조사 후속대책 및 위험성평가 대책사업. 산재사망 유가족 우선채용 단체협약 무력화 대응 대법원 투쟁. 공정안전관리제도 (PSM) 부실에 따른 공익감사청구 및 제도개선 투쟁. 콘베이어 및 로봇작업 안전검사 관련 제도 개선. PU코팅 안전장갑 DMF 독성물질 검출에 따른 PU코팅 안전장갑 폐기투쟁. 『산재불승인 대응 지침서』 발간. 『산업안전보건법 위반 점검 지침서』 개정 발간. 『산재보상 실무지침서』 개정 발간

이은주

마산창원거제산재추방운동연합 상임집행위원

1968년 전라북도 완주에서 태어나 전주에서 자랐다. 대학 재학 중에 학생운동을 하다 중퇴하고, '노동자의 메카' 마산창원 지역에 왔다. 22년간 〈마산창원거제산재추방운동연합(이하 마창산추련)〉에서 활동하며 노동건강권 운동을 하였다. 이은주의 삶은 마산창원 지역 노동건강권 운동의 역사와 떼려야 뗄 수 없다. 산재추방운동이 노동자가 일하고 있는 현장, 노동자 건강을 보장할 수 있는 현장의 통제를 위한 지름길이자 생명을 위한 활동이라 생각했다. 간부 중심, 전문가 중심보다 노동조합과 노동자의 힘이 실린 노동안전보건운동, 지역 활동가들의 연결과 지원이 자신의 역할이라 여겨왔다. 재해노동자 보상뿐 아니라 노동환경 개선, 직업병 예방활동까지 폭넓은 활동을 펼치고 있다. 고 강태석, 고 이상관, 고 이석수, 고 황반납, 고 리당청, 고 변우백. 그가 잊을 수도 없고 잊어서도 안 되는 이름이다. 이은주를 아는 사람들은 그를 주술사 같다고 말한다. 주검을 통해 노동자가 얼마나 고통스러워하며 생을 마감했는지 알아내어 고인의 넋을 위로하는 주술사이자, 그 죽음의 원인과 사회적 의미를 밝히는 탐정이자, 일하며 발생하는 질병과 죽음을 막기 위해 활동하는 운동가이다. 죽어서야 이름을 아는 것이 아니라 살아서 그들을 만나기 위해 그녀는 오늘도 뛰고 있다. 〈마창산추련〉은 이은주의 활동 공간이자 삶의 원동력이다. 소중한 사람들을 만나고 함께 연대할 수 있기 때문이다. 비정규직 노동자, 이주노동자뿐 아니라 모든 약자와 생명을 살리는 운동이 바로 노동건강권 운동이 되어야 한다며, 현장에 더 다가갈 수 있는 새로운 공간과 활동을 모색하고 있다.

대통령이 떠났다며 통곡하던 소녀

이은주는 1968년 전라북도 완주군에서 4남매 중 둘째딸로 태어났다. 경제적으로 어려웠지만 묵묵히 자신의 일을 하던 부모님 슬하에서 자랐다. 이은주가 유년기를 보냈던 마을은 사람들이 사는 게 다 고만고만했다. TV도 동네에 한 집만 있던 시절이었다.

어느 날 이웃집에서 흑백 TV를 보던 중 갑자기 삥 소리가 나며 화면이 나가버렸다. TV 고장인 줄 알았지만 나중에 보니 육영수 여사 저격 사건 때문이었다. 그 장면을 인상 깊게 기억하고 있던 소녀는 그로부터 몇 년 뒤 박정희 대통령 국상을 방송으로 보며, "세상이 망했다. 다시는 없을 대통령이 떠났다"며 주저앉아 울었다.

유년기 기억에 남아 있는 일이 또 하나 있다. 최루탄이 가득한 전주 시내에서 당숙을 만난 일이다. 1980년 5월 14일 초등학생 이은주는 친구들과 스승의 날 꽃을 사러 전주 관통로 사거리에 갔다.

"전주 관통로에 나갔던 기억이 있는데. 그날 사람들이 막 우르르 몰려다니고, 최루탄이 막 터지고. 그래서 저희가 꽃집에 들어가 있었는데, 꽃집 셔터문이 막 내려지고. 막 다 매캐하고. 지나가던 사람이 셔터문 안으로 들어와 있던 그런 기억이 남아 있어요. 그날 당숙을 만났던 거예요. 오촌 당숙이죠. '빨리 집에 들어가라. 위험하다'고 했던 기억이 나요."

오촌 당숙과 만남이 기억에 남는 이유는 뭘까? 특별히 진보적이지 않고 일상의 삶을 살았던 삼촌 역시 80년 오월 관통로 거리에 있었다. "당숙

역시 나와 비슷한 생각과 고민을 했었구나."라는 생각과 나도 "그 시대를, 민주화 시대를 거쳐 왔구나"라는 이해를 가져다주었기 때문이다.

특수교육을 하고 싶어

이은주는 1987년 고등학교를 졸업하고 재수를 했다. 대학에서 특수교육을 전공하고 싶었지만 아버지의 반대에 부딪쳤기 때문이다. 아버지는 "그걸 나와서 뭘 먹고 살겠냐"며 반대하셨지만, 둘째딸의 고집을 꺾을 수 없었다. 이은주는 전주 성심여고 근처에서 만난 장애아가 자신을 많이 따랐던 그때부터 특수교사라는 꿈을 키웠다. "사회에 희생해야 된다는 생각보다 장애인 삶에 대한 끌림" 때문이었다.

그러나 이러한 끌림은 장애인과 연계된 삶으로 이어지지 못했다. 사회과학 서적과 유인물을 보곤 했던 친언니의 영향 때문이었다. 한방을 쓰는 친언니는 장롱에 숨겨둔 '불온 서적'을 읽고 있었고, 이은주는 신문지에 쌓인 전태일 평전과 '삐라라고 불렀던 32절지'를 자연스레 접했다.

유인물에는 노동자들이 "하루에 백 원인가 십 원 올리려"는 요구들이 담겨 있었다. "언니는 나한테 늘 좋은 사람이었기 때문에" 학생운동을 옳은 일이라 자연스럽게 받아들였다. 전북대학교를 다니던 언니는 어느 날부터 단식과 철야농성을 이유로 외박을 했다. '집안의 기대주'였던 큰딸의 데모에 놀란 아버지는 농성장에서 딸을 끌고 집으로 왔다. 87년 봄부터 계속된 민주화 바람이 집에 흘러 들어왔다.

"언니 때문에, 아버지가 아침마다 저한테 '너도 대학 가서 데모할 거면, 재수학원 가지 마라. 아예 공부하지 마라. 데모 안 할 거라 약속하고 가라'고 하셨어요. 나는 한 번도 약속한 적 없어요. '아버지, 제가 가보지 않은 건데. 내가 모르는 걸 한다 안 한다 어떻게 약속합니까'라며 끝까지 답을 피했죠."

큰딸 때문에 아버지는 둘째딸도 단속하였다. 대학 가면 데모하지 않을 거라는 약속을 하지 않은 채, 재수학원을 다녔다. 88년 봄 이은주는 우석대학교 특수교육과에 입학했다.

학생운동에 투신

대학 1학년 때 지역 내 복지재단 비리나 장애아동 성폭력 사건을 보며, "내가 교사로서 뭘 가르치는 게 문제가 아니라 현실을 바꾸는 것에 함께 해야 하는 게 아닐까"라는 생각이 들었다. 한 선배가 사회과학 세미나를 제안했다. 사회를 배우고 내 가치관을 갖기 위해 세미나는 하겠지만, 내게 가두투쟁에 나가라 강요하지 말라 했다. 집회 참석은 내 마음이 움직여야 하는 문제라 생각했기 때문이다. 하지만 학교에서 열린 4·19 집회에서 학생들이 다치는 모습을 보고 '그 날부터 자연스럽게' 집회에 나갔다.

1990년 대학 3학년을 마치고 이은주는 학생운동에 전념했다. 당시 전주 팔복동 공단은 소규모 제조업체들이 있었고, 주로 여성 노동자들이 일했다. 당시 파업투쟁이 많아 연대집회를 학교에서 준비하다 "경찰이 친다."는 정보를 듣고 이은주는 유인물과 깃발을 자기 집 옥상 장독대 안에 숨겨놓았다. 숨겨둔 유인물과 깃발을 우연히 발견한 아버지는 "머리를 자르겠다, 문 밖에 못 나가게 하겠다."고 노발대발 하셨다.

"아버지께 계속 이야기 했죠. '그 사람들이 이러이러 해서 우리가 가는 건데, 그게 왜 문제냐'고. 아버지도 전라도 사람이고 야당 성향이시긴 했지만, 내 자식이 전면에서 활동하는 걸 바라지 않으셨겠죠. 아버지와 대화가 너무 안 되니, 제가 '아버지는 노태우보다 더 나쁜 사람이다'고 했어요. 어린 마음에 나의 정당함을 동의해 주지 않아 그렇게 말했던 것 같아요."

자신의 정당함을 이해해주지 못한 아버지가 원망스러워졌다. 이은주는 집에 붙잡혀 있었다. 며칠 후 집에서 맨발로 나와 학교 근처에 자취방을 얻었다. 부모님께 특히 아버지께 미안한 마음이 가시지 않았다.

"당시는 무슨 말인지 몰랐죠. 지나고 보니 딸에게 그런 얘기를 들은 아버지는 어땠을까 생각이 들더라구요. 창원에 살면서 아버님께 편지를 한 번 쓴 적이 있어요. 아버지도 노동하는 사람이고 당숙도 관통로 거리에 있었던 것처럼, 아버지도 그 노동자들과 똑같은 삶을 사셨을 거고. (울먹이며) 제가 왜 그런 말을 했을까. (울음) 편지를 쓰기는 했는데. 하~아버지 마음에 진심으로 다가가 죄송하다고 하지는 못 한 게 걸리네요."

자신을 이해하지 못한 아버지에게 내뱉은 말이 어떤 상처였을지 시간이 지날수록 곱씹혔다. 몇년 전 아버지께 처음으로 편지를 썼지만, 그래도 "진심으로 다가가" 사죄하지 못한 것 같았다.

마창 가는 표 주세요

대학 졸업장이 필요 없다는 생각으로 복학하지 않고 노동운동에 투신하기로 결심했다. 중화학공업 육성정책에 따라 1974년 개발된 창원국가산업단지는 1990년대 한국 기계 산업 전체 수출의 24% 정도를 차지할 정도로 커졌다. 당시 마산창원 지역은 울산과 함께 '노동자의 도시'라 불렸고, 이은주는 1993년 겨울 마산에 왔다. 이은주는 자신을 노동의 현실을 바꾸기 위해 "집단적으로 현장으로 이전하는 막바지 세대"라 칭한다. 처음 마산 가는 날 일화는 잊을 수 없다.

"그때는 전주에서 마산으로 바로 가는 버스가 없었어요. 광주 가서 마산 가는 버스를 타야 했는데. 같이 왔던 친구가 매표소 가서 '마창 가는 표 주세요' 하니, 직원이 '네? 마창이요?' 하니, 친구가 '네. 마창이요'라고 답한 거죠. (웃음) 직원 분이 '도대체 마창이 어디냐'고. 그때까지 친구는 마창이라는 도시가 있는 줄 알았던 거죠. 마산창원 줄임말이 아니라."

결국 광주에서 마산 가는 버스를 탔다. 마창 지역에 첫 발을 내디딘 날은 진눈깨비가 내렸다. 마산 고속버스터미널 앞 수출자유지역공단을 보자 잿빛 도시라는 생각이 들었다. 많은 도시를 다니지는 않았지만 하얗거나 회색 공장들이 이어진 도시 느낌은 확실히 달랐다. 오랜 자취생활과 힘든 일로 허리가 아파 무리한 일을 하기 어려워 1년 넘게 요양을 하다, 1994년 '삼미특수강 해고자복직투쟁위원회(이하 삼미특수강 해복투)' 간사 제안을 받았다. "이 지역에서 뭔가 출발을 해야 한다"는 생각에 일을 시작했다. 컴퓨터로 유인물을 만들고 집회와 출근투쟁에 사용할 현수막을 제작하는 일이 주업무였다. 해고노동자들을 쫓아다니며 유인물에 그들의 경험과 목소리를 담으려 노력했다.

일을 시작한 지 3개월 무렵 "남성 동지들과 친해지면서 그 집안에 분란이 생겼다. 계속 있으면 문제가 되니 그만두어야겠다."는 통보를 받았다. 남성이 대부분인 공간에서 젊은 여성이 일하는 것이 몇몇 가정에 부부싸움을 일으켰다는 이유로, 그녀는 해고 통지를 받았다. 가정불화 때문이라 했지만, 실은 타지 출신 학출에 대한 심한 경계 때문이었다. "젊은 여성 학출 그리고 실체도 모르는 사람"이라 부담스럽다고 이야기를 들었으면 차라리 나았을 텐데, 가정불화로 활동을 그만두라는 말에 이은주는 화가 났다. 월급과 일하면서 모은 유인물 편집 비용을 전하며 "뭔가 이익을 노리고자 온 것도 아니었고, 내가 여기서 일하면서 고물 컴퓨터를 새 걸로 구입하려 했던 것이니 드리겠다."고 단호히 말했다. 그리고는 해명해야겠다는 생각에 가정불화가 생겼다는 집으로 갔다.

"동네만 어느 동네인지 알고 있었어요. 그땐 삐삐도 없던 시절이었으니까, 집으로 전화를 했겠죠. '내가 버스 정류장 어디 어디 와있다'고. 그 부인도 언니라고 부르며 알던 사람이에요, 친하게 지냈고. 그 아저씨도 그렇게 지냈고. 그래서 버스 내려서 전화를 해가지고 그 집에 갔어요. 그래서 '내가 이러이러한 이야기를 듣고 나가게 됐다. 근데 그 불화가 생긴 집이 언니랑 아저씨라고 나한테 이야기를 하더라. 그래서 오해하지 않았으면 좋겠어서 내가 여기 와서 이야기하는 거다. 나는 이 지역을 떠날 생각도 없고, 내가 이런 이유로 그만두는 것이 다시는 거론되지 않았으

면 좋겠다. 언니도 오해 없었으면 좋겠다.'고 그 집에 그 이야기하고 나왔어요. (웃음)

정말 초창기에는, 여성이면서 활동가인, 기반 없는, 뭐, 이런 사람이 겪는 것은 다 겪었던 것 같은데. (중략) 나는 지역에 살아남아서. 나한테 그 이야기를 솔직하게 하지 않은 그 사람들한테, 그 사람들이 어떻게 활동하는지 끝까지 지켜볼 것이고, 내가 어떻게 사는지 보여주겠다, 이런 이야기를 했던 것 같아요. 약간 독한 마음이 생겼겠죠, 억울하기도 하고."

가정불화가 생겼다던 그 집 언니는 "우리 집은 아무 문제가 없다"고 놀라워했다. 그렇게 삼미특수강 해복투 일을 그만뒀다. 몇년 전 집회에서 만난 당시 삼미특수강 해고자였던 한 분이 "누명을 씌운 나쁜 놈들이 그 뒤에 사과 한 마디도 안 했지?"라고 물었다. 당시 억울하고 속상했지만 어떠한 상황이었을지 이해가 되어서 "그러실 수 있죠."라고 답했다. 가정불화는 사회운동 공간에서 여성활동가를 손쉽게 제거하는 하나의 방법이었고, 여성에게는 '여성'을 지운 채 '여성 활동가'가 아닌 '활동가'로서 살아야 한다는 것이 강요된 선택지였다. 몸과 마음이 힘든 시간들이었다. 내가 여기서 계속 있을 수 있을까, 뭘 해야 할까 고민이 계속됐다. 그러나 매일 아침 수영을 하며 흐트러지지 않으려 노력했다.

산재추방운동 시작

우연한 기회에 '일하는사람의건강모임(이하 일건회)'에서 간사를 구한다는 소식을 접했다. 당시 '노동자뉴스 제작단'에서 일하는 친구가 전국

산재추방운동 촬영차 마창 지역에 왔다. 당시 광주 '노동건강상담소', 대구 '산업보건연구회', 인천 '산재예방회', '산업사회보건연구회', 부산 '건강사회연구회' 등 지역 산업안전보건운동 단체들이 생겨나 지역 산재추방운동을 활발히 펼치고 있었다. 마창 지역의 일건회에 촬영차 갔던 친구가 "거기 일할 사람이 필요하다는데 한 번 가서 만나봐"라고 이은주에게 이야기했다.

일터에서 죽거나 다치거나 병들거나 하는 문제는 일어나는 일이고, 이를 예방하려면 결국 누가 현장을 통제하느냐, 누구한테 권한이 있느냐의 문제라 생각했다. 현장 통제란 건강에 해로운 작업환경, 유해한 생산 과정에 대한 통제를 의미한다. 현장 통제는 대부분 경영진이나 규제기관이 가지지만, 한국의 산업안전보건법 상 노동자 역시 그 권한을 가진다. 산업안전보건법, 산재보상보험법뿐 아니라 일터에서 다루는 유해물질, 작업환경 측정결과 등 건강한 일터에 대한 '알 권리', 노동자와 노동조합의 안전보건활동 '참여권', 위험한 작업을 스스로 거부할 수 있는 '작업중지권' 등이 있다. 현장통제 문제에 가장 가깝게 접근할 수 있는 게 건강권 운동이라면, "내가 할 수 있겠다, 해봐야지, 해야 하는 게 아닐까."며 마음이 동했다.

일건회 간사에 지원해 마산 자산동 다방에서 면접을 봤다. 당시 일건회 회장 최기용 씨는 몇년 뒤 면접날 이야기를 이은주에게 했다.

"회장님이 나중에 나한테 한 이야기가 '단체를 만들고 일은 해야 하는데 상근자도 없고. 그래서 자네 면접을 보니 못 생긴 인물은 아니고 혐오감 드는 인물은 아니어서. 이 사람이 잘 하면 단체가 즐거운 분위기가 되겠구나.'란 생각에 출근하라 했지. (웃음) 근데 '나중에 보니 자네가 호랑이일 줄 몰랐다' 하시더라고."

'일하는사람의건강모임' 간사로 산업안전보건운동을 시작했지만, "왜 그걸 하냐?"는 질문을 받곤 했다. 당시 산재추방운동은 사회운동 안에서도 중요시 여기지 않았고, 어떤 관심도 받지 못 하였다. "지금이야 안전에 대한 문제, 생명에 대한 문제가 공론화되지만, 사회에서도 노동운동 안에서도 한 부서의 사안"으로 간주되곤 했기 때문이다.

이은주는 산재추방운동이 무엇이며 왜 해야 하는지 어떻게 해야 하는지 일건회 회원들과 지역 노동자들 그리고 사회에 질문을 던졌다. 수많은 노동자들이 추락하거나, 깔려서, 불에 타, 질식하는 숱한 산업재해가 왜 일어날까? 건강과 생명을 앗아가는 사고가 발생하기 전에, 미리 예방할 수 있지 않았을까? 기업 스스로 안전보건 문제에 관심을 가질 때까지 기다려야 하나? 노동자 스스로 건강하게 일할 권리를 찾기 위해 무엇을 해야 하는지 끊임없이 이야기를 나눴다.

포기하지 말고 은주가 하자는 대로 해라

산업안전보건운동은 현장 통제에 접근할 수 있는 지름길이라 여겨 한 일이었지만, 처음 일할 때는 구체적인 실무도 관련법도 모른 채 혼자 일을 시작해야 했다. 유일한 상근자 자신을 제외하곤, 회원과 임원 모두 노동자였고, 자기 사업장이나 소속 연맹 일에 집중했기 때문이다. 산재 상담과 관련되어 상근자 교육을 시켜줄 여력도 없어 혼자 공부하고 터득하였다. 신기하게도 외운 산재법은 금방 잊어버리는데 "한 사례를 가지고 꿰어서 뭔가 해보면 산재법의 한 항은 나에게 남았다." 그렇게 상담했다.

첫 상담은 잊을 수 없다. 마산의 한 연탄공장을 다니던 쉰두 살 남성이었다. 아직 설명할 수 없기에 "우선은 그냥 열심히 들으며" 상담 내용을 받아 적고 "내용을 확인한 후 내일 전화 드리겠습니다."라 말했다. 산재 신청을 준비하며 자료를 모으고 노동부에 산재 신청서를 넣을 때도 그와 함께 동행했다. 왜냐하면 노동자만 갔을 때는 푸대접을 받기 일쑤였기 때문이다.

"서류 갖고 가면 충분히 설명해서, '이게 이런 것 때문에 부족합니다. 어떻게 준비해 오세요.' 이러면 되는데. 차가운 목소리로 '안 돼요' 한다거나. 물어볼 때 퉁명스럽게 답하거나 필요 없다고 한다거나. 이런 식의 표현을, 대우를 많이 했죠."

민원인인 노동자를 대하는 태도에 고 강태석 아버님은 위축될 수밖에 없었다. 상담 오는 분들은 나이도 많고 스스로 배움이 짧다고 생각했기 때문에, 공무원의 질문에 설명을 못할 때면 주눅이 들었다. 이은주가 옆에서 부당한 부분에 대해 "이거는 이렇게 돼야 되는 거 아니냐."며 서류를 요구하니, 공무원과 아버님의 태도도 달라졌다. 아버지는 그 다음부터 자신의 이야기를 털어 놓았다. 그렇게 노동부와 싸우며 하나하나 배워 갔다. 아버지 몸은 점점 나빠졌다. 산재 심사청구서를 작성하고 도장을 받기 위해 집으로 갔다. 도착 5분 전, 강태석 아버지는 숨을 거뒀다.

"어머니한테 한 유언이 '포기하지 말고 은주가 하자는 대로 진행해라' 였어요. '포기하지 말고 은주가 하자는 대로 진행해라. 돈의 문제가 아니라 내 삶을 인정받는 일이다. 내가 그런 일을 했고 그래서 그런 병에 걸렸다는 걸 인정받는 거다'고 어머니가 전했어요. 그래서 심사청구는 어머니랑 같이 넣었어요. 그 뒤에 너무 힘드셔서 포기를…. 아버님 성함이 강태석 씨였는데, 제가 처음 상담했던 분이라 기억이 많이 남아요. 아버지가 마지막 유언을 그렇게 남겼다는 게, 얼마나 억울하셨을까. 얼마나 사람들에게 사회에게 인정받고 싶었을까. 그런 생각이 들죠."

그에게 질병은 팔자소관도 건강 관리를 잘못한 자신의 잘못도 아니다. 만약 고 강태석 씨가 보상 청구를 하지 않았다면 질환의 직업성 병인을 밝히려는 사람은 아무도 없었을 것이다. 그렇기에 산재 판결과 보상은 고인의 유언처럼 "돈의 문제가 아니라 한 사람이 어떤 노동을 했는지 그래서 그 결과 어떤 병에 걸렸는지 인정받는", 즉 자신의 존재와 삶을 인정받는 문제이다.

노동자가 만든 회지

1995년 삼성중공업에서 한 노동자가 롤에 빨려 들어가는 사고로 사망했다. 가족들은 회사가 사고의 원인도 알려주지 않자 '노동과 건강을 위한 연대회의' 사무실을 찾았다. 유가족은 무책임한 회사 태도에 분개했고, "가족들과 사고 현장을 가는 거, 사고에 대한 후속대책을 마련하는 거, 그 다음 보상"을 요구했다. 지역 대책위를 구성하여 투쟁이 한 달간 계속 되었다. '전국조선업종노동조합협의회(이하 조선노협)'의 투쟁과 더불어 건강검진제도에 대한 산재노동자들의 문제제기가 이어졌다. 이는 검진기관 선정 등 제도의 운영 과정에 대한 노동조합의 감시, 감독권에 대한 요구로 모아졌다.

"95년도에 노동부를 상대로 큰 투쟁을 했고. 그 후에 근로복지공단으로 이관되면서 요통 환자 치료 제한처럼 다양한 조치들이 또 막 벌어지기 시작하는 거예요. 어쨌든 돈을 목적으로 해서 공단으로 업무가 이관되었던 거죠. 그때 산재동우회라는 지역 산재노동자 조직을 만들었어요. 산재노동자 회원이 300명 가량이었어요. 병원 찾아다니며 회원가입도 하고, 부당 사례 상담도 하고, 사례를 모아 함께 요구안을 만들어 싸우기도 하고. 그렇게 싸워 합의를 하면, 그게 어느 정도 확산되기도 하고. 그 모임이 3년 정도 운영되었어요, 상근자도 따로 있었죠."

삼성중공업 하청노동자 고 김동근 씨 사망사건대책투쟁, 산재동우회 투쟁, '죽지 않고 다치지 않을 권리'를 주장한 조선노협의 투쟁이 이어졌다. 사상이나 도장작업을 하는 노동자들은 우주복을 입은 채 마산 창동 집회에 참석했다. 이 시기 마산창원지역 산업안전보건운동은 '산재 보상, 피해 노동자들의 치료권' 요구와 '작업환경 개선, 건강검진에서 노조의 권한 확보, 교육 참여' 등 노동조합과 현장 흐름으로 주로 이루어졌다.

투쟁이 이어지자 산재추방운동에 공감하는 회원들이 늘어났다. 회원들이 회비만 내기보다 산재추방운동의 주체가 될 수 있도록 회원 모임을 어떻게 운영할지 고민했다. 회원 모임은 매주 안정적으로 진행되었지만, 산업안전보건 문제에 대해 더 풍부한 논의를 위해 '주간 통신'을 만들기 시작했다.

"모임에 오는 분들한테 모임에 와서 '어떻게 지냈어?' 하고만 가는 게 아니고. 이슈거리가 있었던 것에 대해 토론하고, '어, 우리 사업장은 이건데' 이렇게 하면서. 그렇게 하면 이야기 거리를 가질 수 있겠다 싶어서. 주간 통신을 만들기 시작했어요. 제목은 〈주간 산재 없는 그날까지〉, 산재 관련 기사, 소식들을 모은 거죠."

천리안 하이텔 같은 피시통신의 산재 뉴스를 짜깁기해서 종이에 붙였다. 이웃 시민단체에 복사기가 있어, 그 곳에서 열다섯, 스무 장씩 눈치 보며 복사했다. 단체 소식지를 상근자들만 만드는 게 아니라, 노동자가 함께 만드는 건 어떨까 생각이 들었다. 회원 모임에서 소식지를 같이 만드는 편집 모임을 제안했는데, 회원 중 다섯 명 정도의 노동자에게 제안했다.

"편집회의 위원으로 위촉했죠. 글 쓰는 게 힘들어요. 저도 글 쓰는 게 두려워 잘 안 되는데, 현장에 계신 분들은 자기 생각을 표현하는 기회가 없잖아요. 편집회의 이야기도 하고, 글도 쓰고, 스스로 뭔가 해냈다는 요런 것도 필요하겠다 싶어서. 저희가 자부하는 건 지금은 회원이 줄어도 1년에 너덧 번 정도 회지를 내거든요. '직접 노동자들이 퇴근하고 밤에 와서 글 쓰고 회의해 만든 회지입니다'는 자부심이 회원들에게 있어요. 상근자들이 뚝딱뚝딱 뭐든 할 수 있지만, 처음에 빨리 가기보다 천천히 그렇게 해내야 한다고 생각했어요."

"천천히 가더라도 함께 가야 한다."는 것은 편집회의만이 아니었다. 노동조합마다 산재보상에 관한 상담이 많아지자 현장 노동조합의 노안부장도 보상담당과 안전담당으로 역할이 나누어졌다. 보상 관련 공부를 하는 산보회 모임이 구성되었다. 작업환경 측정도 노동자가 직접 참여하고 설문조사와 토론도 함께 하는 등 현장 노동자들이 노동안전보건운동의 주체로 서야 한다는 생각은 활동 방식으로 나타났다.

IMF, 고통분담인가 전가인가

IMF가 터지자 정부는 '기업경쟁력 회복'이라는 이름으로 산업안전보건법의 안전보건규정을 완화하였다. 기업은 인력 감축뿐 아니라 노동안전보건 비용마저 줄였다. 그러나 노동자들은 그냥 당하지만은 않았다.

"IMF 되니까 다 절감하기 시작했어요. 안전도 절감, 보건관리자 안전관리자도 막 줄였죠. 한 공장에서는 비용 절감 명목으로 작업 때 제공되는 장갑을 너무 많이 사용하니 빨아서 재사용하라고 회사가 그랬다는 거예요. 기름 막 묻히고 그렇게 하는데 빨아서 쓰는 게 되겠어요? 어떤 반에서는 실제로 빨아 쓰기를 한 거예요. 작업시간 내에 그걸 빨고 꿰매는 거를 (웃음). 그러니까 회사가 그냥 더 지급하겠다고 두 손을 들었죠."

활발한 지역의 산업안전보건운동은 노동자들이 작업장에서 일어나는 문제들을 일상적으로 대응할 수 있게 하였다. 이은주는 반처럼 작은 단위의 투쟁 이야기가 전해지는 것이 중요하다고 여겼다. "옛 시절이 좋다가 아니고 그 힘들이 어떻게 나왔을까를 지금 고민해야 하기" 때문이다. 노동자들이 부당함을 부당하다고 말하고 행동으로 나서는 과정이 그간 노동조합의 주요 활동이지만 노동조합운동만의 경험은 아니다. 인간의 존엄성을 지키고자 하는 투쟁으로 삶이 지속되기에, 인간은 이러한 실천과정을 거치곤 한다고 이은주는 생각했다.

"98년도에 IMF 터지며 근로복지공단에서 'IMF 극복을 위한 고통분담 대책'이 있었어요 (웃음). 고통분담 대책 투쟁이 시작된 계기가 산보회 모임에서 대우종합기계에서 일한 한 분 이야기를 하다 근로복지공단 항의방문에서 시작돼요. 지금은 일반화된 근무 중 치료, 요양을 해야 하는 산재환자에게 회사에서 일하며 요양하라는 거죠. 유기용제 중독으로 요양 중이던 대우중공업, 대우종합기계 분이셨어요. 항의 방문에서 '무슨 근거로 이런 지침을 내렸냐? 조치를 내렸냐?' 하니, 담당자가 '근거가 있다'며 내부 공문을 자랑스럽게 꺼낸 거죠. 그 내부 공문을 보니 고통분담대책이, 지사별 목표액이 있고, 몇 프로를 삭감하고, 나이롱환자 색출 목표도 있더라구요. 그래서 돈을 얼마 줄이자는 전체 플랜이 있더라구요."

대우중공업의 한 산재노동자의 '근무 중 치료 지침'에 항의하러 갔다가 근로복지공단의 내부 지침을 확인했다. 내부 지침은 그간 근로복지공단의 강제 치료 종결, 재요양 불승인 등 조치가 산재노동자의 건강상태에 근거하기보다 공단의 경제적 이익에 따른다는 점을 드러냈다.

'IMF체제 극복을 위한 고통분담 대책'은 건강보다 수익을 우선시하는 점을 더 노골적으로 표현했다. 근로복지공단은 경제 위기로 인해 산재보험료가 제대로 징수되지 않는다는 이유로 요양이 필요한 산재노동자에 대한 치료를 제한하여 532억 원의 보험급여 지급을 줄이겠다고 밝혔다. 나이롱환자 담론은 입원 치료가 필요한 산재노동자를 통원치료로 전환을 용이하게 만들었다. 주치의 소견을 무시한 채 일방적인 치료 종결로 산재노동자가 자비로 치료할 수밖에 없는 일들이 일어났다.

내 인생이 내 아들 둘 인생보다 길다

1999년 7월 한 아버지가 공단상가 '마창산추련'에 직접 찾아왔다. 학창 시절 축구선수를 할 만큼 건강한 아들이 대우자동차 입사 1년 만에 산재 환자가 됐다. 그 해 2월 20일 공장에서 짐을 옮기다 차에 치여 고향 사천 성모병원에 입원했다. 5월 14일 치료를 받아도 차도가 없단 이유로 통원 치료하라는 통보에, 아버지는 진주 근로복지공단을 찾았다. 아버지는 다리를 절고 염좌 증상이 더 심해져 걷지도 못 하는 아들의 증상과, 입원해야 한다는 주치의 소견을 전하러 근로복지공단에 갔다. 근로복지공단은 "25살 이후 찾아오는 노화 때문"이라며 연기신청을 거부했다. 6월 22일 아들은 "도저히 예전같이 회복되지 못할 것 같습니다"는 유서를 남기고 세상을 떠났다. 요양종결 대상이 돼버린 아들은 병원비 부담과 매일매일 자기 의지대로 움직일 수 없는 몸에 비관하였다.

이석수 씨는 아들이 일한 공장에 가족들이 몇 번 갔지만 노동조합이 없어 사고 현장 접근도 못 했다. 아버지의 사연을 듣고 조사해보니, "이

자살 문제가 개인이 심약해서가 아니다. 이상관이라는 노동자뿐 아니라 산재환자 자살률이 늘어났다"는 점을 알아냈다. 근로복지공단이 산하 지사에 내린 IMF 고통분담 지침에 따르면, "재요양 심사 강도를 높여 20% 이상 재요양을 억제하여 114억을 절약하며, 입원환자의 10%를 통원치료로 전환 조치하여 52억 원을 절약하라"고 하였다. 이 지침은 주치의 소견마저 무시하여 치료가 필요한 산재 환자를 요양종결 대상으로 분류하라는 할당치를 강제했기 때문이다.

이은주는 '근로복지공단개혁을위한공동대책위원회' 상황실장을 맡았다. 서울 영등포 근로복지공단 앞에서 '산재노동자 이상관 자살 책임자 처벌과 산재업무 개선을 위한 철야농성'이 시작됐다.

"아버지가 서울에서 맨날 '저는 경상남도 사천시 사남면 몇 번지에 사는 누굽니다' 말씀 하면서 집회를 했는데…."

155일 철야 농성, 노숙단식 투쟁이 이어졌다. 끝내 고 이상관의 자살은 산재로 인정받지 못 하였다. 이상관 투쟁 이후 산재보상보험법에는 산재노동자의 자살에 대한 조항이 새롭게 추가되었다. 2002년 아버지는 다시 '마창산추련'을 찾았다. 대우조선에 다니던 이상관의 형이 산재 치료 중 자살했기 때문이다. 이은주는 다시 아들을 잃은 아버지 옆에 있었다. 자신이 한 일은 아버지 옆에 있는 일뿐이었지만, "회사가 알아서 가족들이 동의할 수 있는 선에서 안을 가져와 합의를" 했다. 노동조합 면담, 회사와의 협상뿐 아니라 장례까지 아버지 이석수 씨 곁을 지켰다.

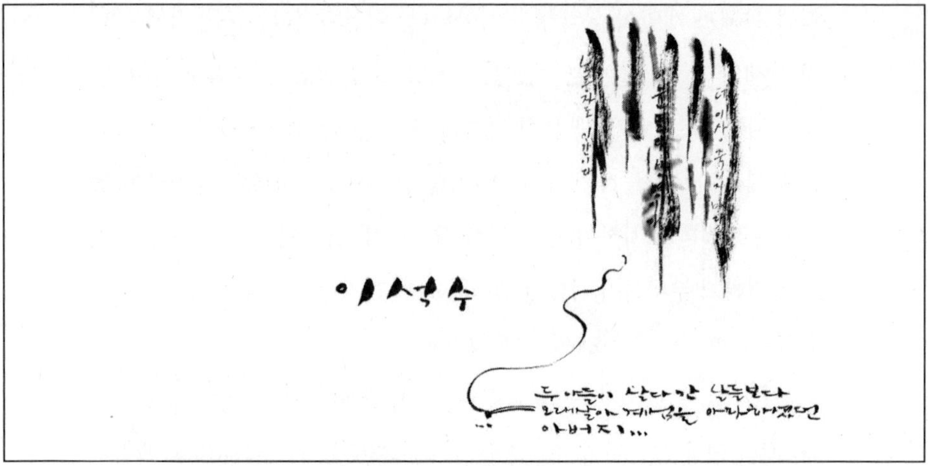

두 아들을 산재로 잃은 이상관의 아버지 이석수 님. 이은주 쓰고 그리다.

"장례를 치르는데, 발인하고 고인이 살던 집에서 제를 지내잖아요. 아버지랑 저랑 제사 지내는 걸 보는데. 아버지가 담배 한 대를 태우는데, 아버지 담배 피우는 그 모습 뒤로 만장이 있고. '은주야, 내가 산 인생이 내 아들 둘이 살다 간 인생보다 더 길다' (눈물) 이 말씀을 하시는데, 아… 그 장면이 내 머리 속에 찍혀 버려지지 않고 계속 남아 있어요."

이상관의 형이자 이석수의 큰아들. 그 장례식 장면은 그녀에게 각인되었다. 한 아들은 대우중공업 국민차 사업부에, 또 한 아들은 대우조선에 다니다 일터에서 다쳤다. 일하다 다친 아들들을 제대로 치료도 못 한 채, 그렇게 아들들을 떠나보냈다. 어쩌면 이은주의 말처럼 아버지는 "그 시대 노동자들이 겪어온 과정을 한 집안이 다 경험"한 것이었다. 2011년 마창산추련 20주년 행사에서 이석수 씨와 만남을 잊을 수 없다.

산재노동자 생존권 박탈 및 치료 종결 근로복지공단 항의 집회(1999년 봄)

"이상관 아버님하고는 155일 동안 투쟁을 하면서 온갖 것들을 다 경험했고. 힘드시잖아요, 가족들이 그걸 버틴다는 게. 투쟁하며 지쳐 저한테 뭐라 하시기도 하고, '아, 나는 합의하고 싶다'는 말씀도 하시고. 서운하면서 또 이해되는, 아무튼 애증관계 같은 관계였는데. 20주년 행사 때 오셔서, 10년이 지나서야 저한테 그러시더라구요. '은주야, 내가 그때 너한테 섭섭하게 하기도 하고, 응? 가슴 아프게 하기도 하고. 미안하다'고 (울먹이며) '근데 니가 하고픈 게 뭔지 안다'고 말씀하시는 거예요. 당신께서는 자식을 둘이나 잃으셨고, 가족들이 모두 경험한 고민들이었죠. 이미 돌아가셨고 살아야 된다는 것? 여러 가지 감정이 있었을 텐데, 나는 아버님이 충분히 그럴 수 있다고 생각했지만. 아버지가 미안하다고 이야기해주시니까. (떨리는 목소리로) 정말 표현할 수 없는 그런 게…."

산재노동자 고 이상관으로 시작된 투쟁은 1999년 12월 30일 공대위와 근로복지공단, 유족과 근로복지공단 사이 합의서로 마무리되었다. 이은주는 처음 목표 중 어느 것도 이루지 못 한 채 싸움을 그만둘 수 없다며 함께 했던 사람들에게 호소했다. 10년이 지나서야, 아버지는 '니가 하고픈 게 뭔지 안다'며 미안하다는 말을 전했다. 자식을 잃은 아버지의 마음을 이해하며 넘긴 일들을 12년이 지난 후 사과하는 아버지의 말씀에 이은주는 "뭐라 표현할 수 없는" 감정을 느꼈다.

왜 이름을 바꿨는가?

1998년 근로복지공단 개혁 투쟁은 공단의 'IMF체제 극복을 위한 고통분담 대책'에서 출발했지만, 뿔뿔이 흩어져 있던 노동건강권 운동 단체들이 이 투쟁을 함께 하며 통합 논의를 시작하였다. 1999년 3월 산재추방운동단체, 노동조합, 그리고 산재피해자단체가 모여 산재추방운동연합을 결성했고, 이은주가 활동하던 '노동과건강을위한연대회의'는 '마산창원산재추방운동연합'으로 명칭을 바꾸었다. 마산창원지역 노동자들의 '일하는사람의건강모임'과 진보적 보건의료인들의 '노동자건강을위한모임'이 '노동과건강을위한연대회'로 통합했던 역사에 비추어보면, 세 번째 이름인 셈이다.

전국산재추방운동연합이 출범하고 첫 투쟁인 '산재노동자 이상관 자살 책임자 처벌과 근로복지공단 개혁 투쟁'은 예상 밖의 결과를 냈다.

"이상관 투쟁이 그 산재보험 문제를 조금 전면화하는 시기이기도 했

'마창거제산재추방운동연합' 현판식(1999.6.18.)

지만, 또 확연히 극복할 수 없는 차이를 드러내는 투쟁이기도 했죠. 저에겐 그런 의미도 있어요."

이상관 투쟁은 산업안전보건운동 내 입장차가 극명히 드러나는 투쟁이었다. 이상관 투쟁이 끝나고 투쟁 평가는 서로 달랐고, 합의가 안 되어 "각자 평가서를 냈다". 이은주는 155일 투쟁 결과 보상에 한정된 협상에 회의적이었고, 대공장 위주의 전문가주의에 기반한 운동방식보다 현장 활성화와 주체 형성이 필요하다고 생각했다. '산추련'은 출범 일 년 반 만에 해산하였다. 중앙의 산추련은 해소되었지만, "한 번 쓰고 나니 이름을 바꾸는 것은 굉장히 어려운 문제"여서 마창산추련과 울산산추련은 산추련이라는 이름을 계속 쓰고 있다.

대우조선 근골격계 집단요양 투쟁

IMF 구제금융은 광범위한 인력 감축, 노동 강도 강화, 불안정 고용의 증가를 가져왔다. 현장 노동자들에게 노동건강 문제는 고용이냐 건강이냐로 다가왔다. 사람들은 위험한 일자리에 남을지 다른 일터로 떠날지 '일자리 협박(job blackmail)'을 받았다. 이 강요된 선택을 돌파하려던 노동자들의 노력은 근골격계 투쟁으로 이어졌다.

"신자유주의 구조조정이 실업 정리해고 문제로만 끝나지 않았어요. 정리해고 후 남겨진 자리는 그만큼 노동 강도를 높였죠. 예를 들면, 대우조선은 '워크아웃 조기졸업하자'라며 두 명, 세 명이 일해야 하는데 한 명을 배치해, 노동 강도를 높이는 방식으로 갔죠. 그래서 사고도 많았고 질환도 훨씬 급증한 거죠."

일은 계속할 수 있었지만 건강과 안전은 심각한 위험에 노출되었다. 근골격계질환 발생이 증가하고 인간공학에 대한 관심이 높아지자, '마창산추련' 회원들은 인간공학 소모임을 꾸렸다. 노동자들의 경견완 장애(근골격계질환) 상담이 늘어나자 금속연맹은 경견완 장애 조사 사업을 단위 사업장에 제안했다. 금속연맹의 제안으로 지역의 큰 공장인 한국중공업, 로템 현대정공이 조사를 했다. 1999년부터 2000년 초반까지 마산창원 지역 20개 사업장이 경견완 장애 실태조사를 하였다. 마창산추련은 '노동보건연대회의'에 참여해 '구조조정 반대 노동 강도 강화 저지 근골격계 조사사업'에 함께 하였다.

2002년 근골격계 투쟁은 대우조선 노동자들의 투쟁에서 촉발했다. 대우조선 노동자의 투쟁은 근골격계 조사에서 출발한다. 대우조선은 IMF를 이유로 정규직을 해고하였지만, IMF로 주문 물량은 늘어났다. 탄력적 인력운용과 비용 절감은 2인 1조로 하던 일을 1인 1조로 하게 만들었다. 대우조선 노동자들 사이에 근골격계질환에 대한 사업이 필요하다는 공감대가 확산되었다. 실태조사 결과 치료가 필요한 노동자가 누구인지 그리고 아픈 노동자에게 무엇이 필요한지 논의는 계속 되었다.

"조사팀 내부에서도 '대책은 사업장 내 관리 프로그램에 초점을 둬야 실제 현장 개선이 이루어지지 않겠냐'는 입장이 있었어요. 긴급히 몇 차례 토론을, 격론을 했어요. '이미 현장 통제로 들어가는 과정이다. 지금 우리에게 필요한 건 폭로이지 않겠냐. 우리 사회가 이렇다는 것을 폭로하고 드러내야 많은 노동자들이 이를 인식하고 새로운 투쟁과 새로운 활동을 할 수 있다' 그러면 '그 투쟁 후 남는 건 산재보상 밖에 없는 거 아니냐'는 반대도 있었죠. '그렇다 해도 현장을 바꾸는 것이 중요하다. 사업장 내 관리 프로그램이 있어도 노동조합이 이를 관리할 힘이 있으려면 투쟁이 기반 되어야 한다'고 반박한 거죠. 격론이 벌어져서, 노동조합은 '사회화 하겠다. 집단산재 신청 투쟁으로 돌파하겠다'고 선택한 거죠."

2002년 3월 5일 옥포매립지에 조합원들이 모이기 시작했다. 근로복지공단에 집단요양 신청을 하기 위해서였다. 그 과정도 쉽지 않았다. 밤새도록 회사 직원에 붙잡혀 흑산도에서 홀로 돌아온 노동자도 있었다.

산재 신청을 내지 말라는 노무과 직원들의 회유에도 76명의 노동자는 집단요양 신청을 하러 모였다.

"옥포매립지에서 기자회견 하고, 근로복지공단 통영지사에 가서 집단으로 요양신청서를 넣었죠. 76명 다 짐 보따리를 싸서 왔어요. 근로복지공단 앞에서 집회 마치고, 버스 타고 열 명씩 마산병원에서 내리고, 부산병원에서 내리고. 병원에 10명 가량씩 입원해 요양하는데, 혼자 있으면 외로우니까. 대우조선 이후 자연스럽게 집단요양 투쟁사업장이 많아졌는데, 처음엔 정말 많이 토론하고 준비하는 과정이 있었던 거죠."

자신의 생활터전에서 치료받는 게 좋지만, 거제에서 가장 큰 병원은 대우병원이다. 거제의 병원 하나에도 "대우의 손이 안 미치는 곳이 없었다." 집단요양 신청을 한 환자를 받아주는 병원은 거제에 없었고, 노동자들도 "어느 병원도 믿을 수 없었다." 집단요양 신청을 하겠다고 노동자들이 결정하자 이은주는 동료들과 병원을 섭외했다. 환자 개개인이 대우조선의 집단요양 신청을 한 자신을 받아주는 병원을 스스로 찾는 것도, 혼자 치료를 받으며 고립된 채 투쟁하는 것은 아니라 생각했다. 마산 창원 부산의 병원을 다니며 "이러이러한 상황인데 받아줄 수 있습니까" 물으며 확답을 받았다.

"자신의 임금에 대한 부정적인 영향도 회사에서 찍힐 수 있다는 불이익을 접어두고 오실만큼 서로 신뢰감이 컸고, '일하며 골병이 생겼는데 이렇게 하는 게 당연한 거 아니야'라는 그 생각이 컸죠. 집단요양 신청하신 분들 중에는, 수술하신 분들도 많고, 요통 추간판탈출증도 많았고, 근막통증증후군도 많았죠. 치료가 많이 필요하신 분들, 특히 중증이신 분들이 오셨으니. 더 이상 참을 수 없다 생각하신 분들이 많이 오셨어요. 그 힘이 대우조선뿐 아니라 전반적으로 번져나간 게 아닐까 생각되죠."

부도가 났어도 나를 고용해준 회사에 고마워하며 일한 대가는 망가진 몸뚱이였다. 대우조선 노동자들의 집단요양 신청 후 근로복지공단의 조사와 판정이 이어졌고, 산재노동자들의 근로복지공단 점거 투쟁까지 이어졌다. 76명 노동자 모두 산재 승인을 받았다. 자신의 질병은 노동자 개인이 집단요양 투쟁에 참여한 동기이자, 사회운동의 수단이 되었다. 집단요양 신청은 직업성 질환 보상에만 머무르지 않고, 노동자 건강과 안전에 무관심한 회사와 국가기구에 도전했다.

이 투쟁은 두원정공, 현대차 울산공장, 풀무원 춘천공장, 삼호중공업, 금속노조 충남지부 노동자들에게 퍼져나갔다. 집단요양 신청이 보상이나 치료에 집중되니 그 다음 싸움을 못할 정도로 노동조합이 피폐해지거나 어려워져 현장개선투쟁으로 못 가는 경우가 많았지만, "폭로의 시기는 분명히 필요했던 거 같다."

근골격계 유해요인 지역 조사 시작

2003년 7월 작업장의 근골격계 유해요인 조사가 법제화되었다. 노동조합 활동가들은 어느 기관과 유해요인조사를 할지 고민이었고, 노동조합이 없는 현장은 유해요인조사가 뭔지도 몰랐다. 이은주는 당시 산업안전보건법에 조사기관에 대한 명시가 없다는 점을 발견하고, 노동자들이 해보면 어떨까 생각했다. 회원들에게 "인간공학 부분은 배우면 현장에 있는 동지들이 더 잘할 수 있는데, 교육받고 설문지 같이 만들고, 직접 조사하고, 자기 현장 자기가 제일 잘 아는 거 아니까, 그 대책위원들 꾸려서 그분들이 조사에 참여해서 의견을 수렴하면 되지 않겠냐." 했더니, 회원들은 "그래 그럼 한 번 해보자"라며 응했다. '1998년 요통 지역실태조사', '2002년 대우조선 조사' 사업 등이 이어지며 회원들의 자신감이 쌓였기 때문이다. '마창산추련' 활동가들은 계획서를 쓰고 노동조합 소속 회원들은 근골격계 유해요인 지역 조사를 노사합의로 받아냈다. 자문위원단으로 전문가들을 모으고 교육위원도 꾸렸다. 유해요인 조사를 하고픈 사업장의 간부들이 조사단이 되었다. 지역 조사단이 꾸려지면 사업장에 들어가 노동자들과 함께 토론하며 현장조사를 했다. 이은주는 현장조사 때 진행되는 심층인터뷰가 노동자와 현장을 대상화시키는 것 같아 다른 방법이 없을까 계속 고민했다.

"일터에서 일하는 사람들끼리 함께 논의하고 스스로 주체가 되어야 하는데. 심층인터뷰 때 당사자가 '이런 문제가 있어요.' 이야기하며 돌이켜 보기는 하겠지만, 그 방식보다는 함께 일하는 사람들끼리 잠겨 있던 입이 열리며 서로 공유하고 함께 행동으로 나가는 것이 더 필요하지 않을까 생각이 들었던 거죠."

설문조사나 심층면접이 아닌 같은 공정에서 일하는 노동자들의 토론이 현장을 바꾸는데 제격이라 생각했다. 지역조사단은 노동자들이 일터의 건강 문제가 무엇이고 어떻게 개선할 수 있을지 함께 논의하는 토론이 현장조사에 필요하다 느꼈다. 하지만 노동조합 간부들은 그 실현가능성에 의문을 제기했다.

"연구계획서 안에 그 프로그램을 넣었더니, 노동조합 간부들 반응이 '회사가 안 들어 줄 건데'였죠. 800명 규모 공장이면, 최소 작업단위인 한 반이 20명인데. 20명씩 토론을 돌리면, 매일 토론해도 한 달이 걸리는 거죠. 두 번째 반응은 '우리 조합원들은 말을 안 해. 한 사람만 말할 거야.'라는 거죠."

토론을 하는 시간에 생산 공정을 멈춰야 하니 회사가 동의해줄까 반신반의했지만, 회원들은 열심히 회사를 설득했다. 지역 조사단에 참여한 회원들은 토론 진행자 훈련을 받으며 감을 잡기 시작했다.

"만약 같은 반이어도 40대 조합원하고 20대 조합원이 있으면, 40대 조합원만 말하고 나머지는 계속 그냥 앉아있다만 가서 같은 연령대로 모이게 하니 '뭐가 힘들다 무엇이 문제다' 이야기를 하더라구요. (중략) 비정규직 노동자가 많은 경우, 비정규직만 따로 해서 토론을 했죠. (중략) 라인 타는 곳은 비정규직이 더 부품이 크거나 손이 많이 가는 일을 해요. 외주화되어서. 실제 불법파견인데 도장이든 뭐든 힘들고 어려운 일은 거의 외주화되었죠."

같은 공정에서 일하거나 고용 관계가 비슷한 사람들이 함께 토론하였다. 토론과 조사가 이어지며 사업장에 따라 토론조의 배치도 달라졌다.

함께 일하는 반별로 토론을 하기도 하고, 세대별로 토론을 하기도 하였다. 토론이 잘 안 된 경우 마치기 전 메모를 쓰는 시간을 가졌다. 빽빽하게 쓰인 종이쪽지는 보고서에 담겼다. 일하며 겪는 몸의 고통이 무엇인지, 왜 이 아픔이 발생하는지, 어떻게 작업환경을 바꾸면 나와 우리의 건강이 더 나아질지 토론이 이어졌다. 혼자만의 불만이 아닌 함께 토론하는 과정에서 구체적인 해결책도 나왔고, 실행 방안도 책임감 있게 논의되었다.

"제일 기억에 남는 건, 간부들이 달라졌다는 거죠. 어떤 사업장은 '우리 조합원은 말 안 할 거다. 분명 누구 누구만 말할 거다' 했는데, 토론이 끝나니 '우리 조합원들이 그렇게 말 잘 하는지, (웃음) 그렇게 하고 싶은 이야기가 많았는지 몰랐다'고. 그 반에서 '이번에 이거라도 바꿔 봅시다.' 하면 처음엔 과연 될까 회의가 들기도 하지만 약간 기대도 되었어요. (중략) 또, 지역조사반에 참여한 사람들은 자기 공장이 아닌 곳에 가보니, 달라지는 거죠. 그 전에는 지역연대라 해도 집회 때 만나는 게 다였는데. 파업을 해도 '우리 사업장만 피 봤어. 맨날 우리만 나와' 했는데, 다른 공장의 노동자들이 일하는 거를 보니 나랑 그리 다르지 않다는 걸 알게 되죠. 우리 공장에 없는 고민이 그 곳에는 있구나 하는 것도 보이고, 나랑 비슷하다 느낌도 들고. 연대에 대한 사고 폭이 넓어지는 거죠."

자기 일터만 알았던 사람들이 다른 공장에 조사도 함께 하며, 연대의 폭이 넓어졌다. 사고의 폭도 넓어졌다. 더 중요한 깨달음이 퍼져 나갔다. 바로 노동건강권 문제는 더 이상 전문가만 해결할 수 있는 문제가 아니라 바로 일터에서 일하는 사람 모두가 자신의 노동과정에 대한 전문가라는 인식 말이다.

살아남은 자는 행복했나?

IMF 구조조정에도 일터에 남겨진 노동자들은 행운아가 아니었다. 노동을 계속할 수 있었지만, 남겨진 사람들은 두 배 세 배의 일을 해야 했다. 어쩌면 남겨진 사람도 떠나야 했던 사람도 모두 피해자였다. 은주 씨는 당시 TV에서 본 쥐 실험이 잊히지 않았다.

"그맘때 TV에서 본 쥐 실험이 있었어요. 하나는 밥을 안 주고, 다른 하나가 같은 칸에 있었죠. 하나는 죽어가는 쥐였고, 다른 하나는 영양을 줘도 죽어가는 쥐를 계속 보니. 나도 저렇게 될 거라는 거 때문에 거의 그 쥐와 비슷한 증상들이 나타나는 걸 봤어요. 아마 현장에 있는 많은 분들이, 살아남기 위해 IMF 이후부터 회사에 있을 때 벌자는 분위기가 팽배해진 거죠. 잔업이 있어야 하고 할 수 있을 때 벌어둬야지, 아파도 지금은 참고 열심히 해야지 하는 경쟁. 스스로 경쟁도 있지만, 저는 강요된 자발성이라 생각해요. 자기가 원해서라기보다 그렇게 해야 살아남을 수 있다는 공포가 주입되고 그런 환경들이 계속 조성이 되니까."

2004년 처음 시작한 조사는 2007년, 2010년 '경남 근골격계 유해요인 지역조사단' 활동으로 이어졌다. 3년마다 실행된 조사 결과를 비교하니 변화는 분명 있었다. 처음 조사를 갔을 때 엄청나게 큰 박스는 소형박스로 바뀌거나 리프트를 설치해 노동자들이 손으로 중량물을 옮기지 않게 되기도 하였다. 요통방지매트가 한참 깔린 시절도 있었다.

"이게 그러니까 딜레마이기도 한데. 초기 근골격계 문제를 제기하던 시기에서 지금은 완전히 제도화의 시기로 가버렸고, 현장은 현장대로 구조조정 등으로 고통을 감내하는 상황이 되었죠. 나이가 고령화되는 것과 현장의 노동 강도가 강화되는 것이 다 영향을 미쳐서, 아픈 사람 역시 중증화되는 거죠."

핵심 문제는 "인원 문제나 시간당 물량 문제나 이거는 다 올라가는" 거였다. 2013년부터 사업장에 따라 절대적인 노동시간은 줄어들었지만 "이미 상대적 노동 강도가 강화"된 후였다. 노동시간 연장, 휴식시간 감소, 교대제, 자동화, 비정규직 증가, 팀제 도입 등 경쟁체계 도입으로 노동 강도는 강화되었다. "할 수 있을 때 벌어야 한다."는 강요된 자발성은 노동자들 간 분리와 경쟁이라는 현상으로 나타났다. 이은주는 2007년 산업안전보건법 개정 이후, 노동자들의 산재 대응이 더욱 개별화되었다는 점을 중요한 문제로 꼽았다.

"산재법이 개악되며 산재 대응이 훨씬 개별화되고 있어요. 근골격계 산재 치료에 대해 설문지를 해 보니, 산재 처리했다는 답변이 3%, 4%를 안 넘어요. 공상이나 직장 내 물리치료실 이용이 산재 처리의 2배 정도이고. (중략) 산재법 역시 입장이 달라서 첨예하게 대립했죠. 결국은 산재법은 통과됐죠, 개악된 형태로. 민주노동당 의원들 9명이 다 찬성해서. 그때 합의해야 한다, 노무현 대통령 막바지니, 지금 아니면 불가능하다고 이야기들 했는데. 지금 보니, 뭐랄까, 최선이 아닌 차선이라며 선택하는데, 제가 보니 차악을 선택하는 구조였다는 거, 건강권뿐 아니라 사회적으로도 차악을 선택하는 과정 같아요. 결국 개악되니, '공상해주는 것도 어디냐. (웃음) 우리 회사 좋은 회사다' 생각하고. 산재 신청 처리 과정에서 노동자가 배제되는 거죠. 예전에는 자기 주장도 하고 집단적으로 뭔가 할 수 있었는데, 아예 원천적으로 봉쇄되어 버린 거죠. 법을 개정하자는 분들에 의해 그렇게 된 건 아니지만. 이 흐름이 어떻게 왔는지, 어떻게 갈 것인지 볼 때 길게 봐야 할 것 같아요. 그래야 우리가 어디에 집중할지 다를 수 있다 생각돼요."

2007년 산업안전보건법 개정안은 개혁인지 개악인지 의견이 분분했다. 이은주는 몇 가지 형식적 제도 개선이 있더라도, 산재노동자들의 충분한 요양과 사회 복귀를 도모하는 내용이 없다는 점에서 개악이라 주장한다. 오히려 산재요양노동자들을 나이롱환자라는 오명뿐 아니라 부정한 방법으로 산재보험재정을 고갈내는 도둑처럼 여기며 요양 중 노동자의 휴업급여를 삭감했다. 더 큰 문제는 일하다 병들고 다친 노동자들의 건강 문제를 개인의 잘못으로 바라보는 시선들이 늘어났고, 그 결과 집단적 대응이 차단되고 있다는 점이다.

사과향과 외국인 노동자 죽음

이상관 형 발인은 이은주에게 특별한 기억으로 남았다. 그 각인이 그냥 아버지와 특별한 인연 때문이라 생각했다. 어떤 소리를 듣기 전까지 말이다.

"최근 한 10년 사이 어떤 장면 어떤 소리 어떤 향이 저에게 각인되는 과정이 있어요. 처음은 이상관 아버지 이석수 님이시거든요. (중략) 그 각인이 그때는 몰랐어요. 아버지랑 관계 때문에 그럴 수 있겠다 했는데."

소리와 향에 대한 기억은 이후 외국인 노동자로 이어졌다. 2006년 함안 농공단지에서 일하는 베트남 노동자가 죽었다. 이은주는 함안으로 갔다. 회사가 제공한 숙소는 컨테이너 박스였고 쥐도 돌아다녔다. "살 수 있는 공간이 아니었다." 스물일곱 노동자 황반납은 숙소에서 주검으로 발견됐다. 12시간 맞교대를 했고, 야간작업 하고 온 동료가 출근하라고 깨우다 황반납이 죽었다는 걸 알았다. 과로사였다.

함안 장례식장에 들어가자 고인의 동료 서너 명이 앉아 있었다. 밥을 함께 먹으려고 장례식장 밥통을 열었다. 만든 지 며칠은 되어 보이는 눌러 붙은 밥이 있었다. 냉장고에는 말라비틀어진 무말랭이만 있었다. 회사 직원은 보이지 않았고 장례식장 관계자에게 물어보니, "회사에서 재네들은 주면 있는 거 다 먹으니까 먹을 거를 주지 말라고 했다"고 답했다. 함께 간 회원들과 밥과 통닭을 주문하고 고인의 동료들과 이야기했다. 이은주는 장시간 노동과 열악한 주거환경이 스물일곱의 노동자를 죽음으로 몰아갔다고 생각했다. 고인의 죽음은 과로사로 인한 산재이며, 열악한 작업장과 숙소를 어떻게 개선할 것인지 물었지만, 회사는 묵묵부답이었다. 한 가지 방법 밖에 없었다. "회사가 모든 요구안을 합의할 때까지 못 나가겠다."며 장례차 앞에 주저앉았다. 베트남 대사관 직원은 장례차를 막은 사람들을 설득했다.

"베트남 인민 민주주의 공화국, 그 도장이 찍힌 서류를 보여주며 대사관 직원이, '자기가 권한을 가지고 있는 사람이다, 당신들 이야기를 따를 수 없다.'고 했죠. 그 사람은 한국말을 좀 했어요. (웃음) '대한민국이 당신네 나라가 70년대에 다른 나라에 인력으로 가서 먹고 살듯이 지금 우리가 그런 시기다. 우리는 지금 이런 권리를 요구할 수 없는 시기이니 그냥 나가겠다.' 한 거죠."

대사관 직원 설득은 포기한 채, 장례차를 몇 시간 동안 막았다. 결국 회사는 요구안을 수용하였다. 함안 장례식장을 빠져 나와 시신을 운구하는 차량은 진해 화장장에 도착했다.

"오랫동안 장례차 앞을 막고 있었으니, 늦게서야 화장터에 온 거죠. 화장이 가능한 거의 마지막 시간에 저희가 온 거예요. 주검을 화장 장소에 넣는데 그 타닥타닥 하는 소리가. 저녁 여섯 시쯤이었으니, 어스름 어스름해지고. 다른 것은 아무 것도 보이지 않고 깜깜해지기 시작했어요. 그 소리가 저에게 각인이 된 거라. 스물여섯 나이에 한국이라는 나라에 올 수밖에 없었고. 그 대사관 직원이 저에게 보여준 그 서류와, 그걸 근거라고 들이미는 상황에, 그가 남기고 가는 소리만 저한테 남는 거라."

합의에 따라 산재 신청도 하고 이주노동자들 숙소는 아파트로 옮겼다. 하지만 이은주 몸엔 새로운 소리가 각인되었다. "타닥타닥", 바로 스물일곱 노동자가 떠나가며 남긴 소리였다.

2012년 7월 24일 다시 진해 화장장을 찾았다. 5월 26일 급성심장마비로 사망한 리당청 씨 장례 때문이었다. 부인 조금지 씨는 남편이 죽었다는 소식을 듣고 한국에 왔다. 남편과 나눈 마지막 말은 "내일 아침에 나오지만 일해야 하니 여섯 시에 통화할게"였다. 4월 4일부터 창원의 한 공장에서 일했던 남편은 주야로 일했고, 야간에 공장에 들어가면 "아침에 퇴근을 못 하고 저녁 다섯 시까지 일하고 퇴근하는 경우"가 많았다. 부인은 "남편이 너무 일을 많이 해서 죽었을 거"라 생각했다. 원청 하청 업체는 과로사를 인정하지 않았고, 조금지 씨는 지역 단체들에 도움을 요청했다. 금속노조 경남지부, '마창산추련' 관계자들이 회사를 찾아가 고인의 근무 기록을 샅샅이 검토했다. 회사는 법적으로 문제가 될 수 있는 고인의 근무 시간을 고쳤다. 이은주도 처음에는 "설마 요즘 같은 시기에 그거를 지우고 수정했겠어?"라 생각했지만, 서류에서 회사 주장과 불일치하는 다섯 가지 오류를 발견했다. 그가 일한 날짜는 50여 일이었지만, 휴일은 이틀에 불과했다. 노동절인 5월 1일도 48시간 동안 일했다. 사인이 원하청 업체의 주장처럼 개인적 질병이 아닌 과로사라는 것이 밝혀지자, 회사가 잘못을 인정하였다. 투쟁이 마무리되자, 장례를 치르기 위해 조금지 씨와 병원 시신 보관 장소를 찾았다.

"창원병원 영안실에 한 달 넘게 있었죠. 합의하고 장례 치르러 영안실에 염하러 갔는데. 냉동고 입구에 '명서동 중국인'이라 쓰여 있는 거예요. 이 사회는 정말 (어이없는 웃음), 이미 와서 가족이 시신 확인을 했고, 그 사람이 어떤 사람인지 알면 이름을 불러주는 게 예의잖아요. 시신이

과로사한 중국 출신 리당창 씨의 장례식에서 울고 있는 배우자.
〈오마이뉴스 윤성효 기자 제공〉

약간 상했어요. 그래서 가족이 많이 오열했는데. (중략) 부인이 실신했어요. 병원에서 부인을 부축하는데, 은단처럼 생긴 사과향이 나는 약을 먹더라구요. 남편이 죽었다는 걸 인지하고 왔지만 남편의 몸 상태를 막상 보니 그 상황이 견딜 수 없었을 거니까. 부인이 실신해서 링거 받고 좀 안정되어 나왔는데, 부인 향이 그렇게 맺혔던 거예요."

창원공단 대기업 하청업체에 속해 자동차 부속품을 만들던 한 노동자의 시신은 이름 없는 '명서동 중국인'이라 불렸다. '명서동 중국인'이기에 병원은 시신 보관을 소홀히 해도 미안해 하지 않았다. 이것을 항의하자 병원 장례식장 외주업체 사장이 나와 상한 시신에 사과했다. 과로사한 이주노동자의 쓸쓸한 장례식은 지역노동자장으로 치러졌다. 민주노총 경남본부, 금속노조 경남지부, 마창산추련 등 회원들이 관을 들고 옮겼다.

"화장터에 넣고 제 지내는 곳 있잖아요. 그 전날 제가 부인한테 미리 말했어요. '마지막 가시는 길이니까 술은 중국에서 잘 드시는 술로 가져오시면 좋겠다."고 그랬는데. 가져온 술의 향이 부인이 먹었던 약이랑 비슷한 사과향이 나더라구요. 부인이 오열하며 끊임없이 계속 졸도하고 쓰러지면서 났던 그 향이었어요. 화장터 건너편에서 타고 있는데, 이쪽에서 나는 향은 사과향이었어요. 그분이 마지막으로 맡고 가신 걸까 모르겠어요. 음, 부인께 술을 가져오라 했던 건, 밀항해 왔고 와서도 힘겹게 살았을 텐데. 그 분 진술 받는데 나왔던 동료 이주노동자들의 눈빛도 정말 죽음의 그림자가 있었어요. 중노동에 시달리는 게 보일 정도로 여기 눈두덩이가 새까맣게 되었어요. 리당청 씨 상황을 물어보려 같이 살았던 분을 만났는데, 그 분 모습을 보니 돌아가신 그 분 몸 상태도 그러지 않았을까? 최후 순간까지 중노동만 하다 갔으니, 마지막 위로는 평상시 술을 즐겨 드셨다니 고향 술을 올려 달라 했어요. 그 향이 기억에 남아요."

조은지 씨가 힘들 때마다 먹었던 은단과 리당청 씨가 즐겨 마셨던 고향의 술은 같은 향이 났다. 그 사과향은 강렬히 남았다. 큰 사망 사건을 경험하며 자신에게 각인된 이미지, 소리, 향은 바로 "그가 살았던 삶"이었다. 주변에 이 경험을 이야기하자 이미지가 아닌 소리나 향이 잡히는 경우가 별로 없다며 "특이한 경험이니 뭔가 남겨보라"는 권유를 받았다. 노동자들이 살았던 삶과 아픔은 그녀의 몸에 각인되었고, 그 각인을 누군가에게 전해야 한다는 생각이 요즘 그녀 머리에 맴돌고 있다.

"이 각인들이 저에게 주는 메시지는 같은데. 살아 있을 때 현실을 바꿔가고 스스로 주체가 되는 과정이 돼야 하는데, 현실에서는 그렇지 않아요. 그가 살아 있을 때 저는 그를 몰랐어요. 어떤 사람인지 모르고. 죽고 나서 저에게 오는 이름과 그가 남긴 마지막이 저에게 오는 거라서. 이를 어떻게 전달해야 할까. 그리고 이 각인된 것들을 어떻게 사람들과 공감하고 소통하며 또 실천으로 이어갈까, 저에겐 많이 고민스러운 일이죠."

독한 여자

이은주는 첫 눈엔 자그마한 체구로 가냘프고 연약해 보이지만, 싸울 때는 집요한 편이다. 사람이 당장 죽고 사는 문제에 정치적으로 옳고 그름을 잴 만한 요소는 없었다.

"사회과학 공부하며 머리로 사회를 인식하기 시작하잖아요. 근데 머리로만이 아닌 몸과 일체화돼야 한다고 알게 됐죠, 저만 겪는 과정은 아니지만. 이 영역에서 특히 죽음과 삶의 경계에서 활동하니 그게 보이니, 다들 비슷하게 살아오지 않았을까요? (잠시 침묵) 독하긴 했어요, 제가."

일하는 사람을 아프게 하는 작업환경을 지속할 이유는 없다. 주술사처럼 영안실을 다니는 게 주 업무이니, 스스로 독해져야 한다고 생각했다.

"사망 사고나 분신 때, 사람들은 그거를 못 보잖아요. 몸이 타 거뭇거뭇해지는 것도 못 보고, 냄새가 나기도 하고. 저는 제가 그것을 봐야 한다고 생각했어요, 지금도 그렇고. 그 마지막 모습조차 내가 보지 못하고 무슨 이야기를 할 수 있을까, 그 고통에 대해 내가 말할 수 있을까. 그러니 그걸 봐야 내가 독해진다 생각한 거죠."

고인의 마지막 모습은 그가 무슨 일을 했는지 무슨 일로 죽음을 맞이했는지가 쓰여진 몸의 증언이다. 그 마지막 모습을 봐야 내가 그 고통을 말할 수 있다고 생각해서 더욱 독해졌다. 2003년 배달호 열사 투쟁 때, 그녀는 열사의 시신을 관리했다. 공장 안에 시신을 그대로 둔 채 투쟁했기에 드라이아이스를 수시로 갈아줘야 했다.

"누가 저에게 '괜찮냐.' 계속 그런 거죠. 어차피 천안에 계신 건데. '그게 왜? 그것도 못 받아들이면 열사가 마지막 하셨던 이야기가 뭔데. 난 그 앞에 너무 부끄러운데. 내가 그걸 왜 못해, 해야지. 그걸 보고 더 독해져야지'라 답했죠. 중간에 부검해서 천을 거두고 냉동차 안으로 옮긴 적이 있어요. 사람들이 그때도 보지 말라고 다들 등을 돌아서서 있었는데. 그때도 봤어요. 내가 보고 처절함을 느껴서 약해지지 않아야 한다, 내가 그 이야기를 해야 한다 생각한 거죠. 그 독함을 계속 가지려 노력했죠."

독한 여자라 불리지만 이은주는 노동자들의 주검을 통해 그의 삶을 전달하는 매개자로서 자신의 역할을 규정한다. 그 죽음의 사회적 의미는 무엇일까, 그 삶을 어떻게 전할까 그리고 어떤 실천을 해야 하나 이 숙제를 계속 안고 있다.

노동부 창원지사 앞 피케팅(2007.2)

사고만 나면 다 비정규직

2008년 5월 16일 두산중공업 터빈공장에서 노동자가 지게차에 깔려 사망하는 중대재해가 발생했다. 소식을 듣고 얼마 지나지 않아 부산의 한 지인에게 전화가 왔다. "우백이 형이 죽었대." 5시경이 넘어서야 중대재해로 죽은 노동자가 바로 '산추련' 회원인 변우백 씨라는 것을 알았다.

"요즘도 길 가다 우백이를 가끔씩 봐요. 사회당 활동하던 동지였죠. 2003년 1월 9일 배달호 열사가 사망하시고 배달호 열사 투쟁 끝날 때까지, 제가 두산중공업 안에 있었거든요. 그때 지역의 굉장히 많은 동지들이 같이 싸웠고, 변우백 동지도 거기서 만났죠. 사회당에서 연대투쟁 (목소리가 떨림) 하러 왔었고. (울먹이며) 제가 그 작업팀이라고 해서 현장에 바닥에 글씨도 쓰고 선전물도 쓰고 깃발 만들고 이런 역할을 같이 했어요. 장례 치를 때까지 농성장에서 거의 우백 동지랑 같이 활동을 했었고."

배달호 열사 투쟁에 함께 했던 고 변우백 씨는 지역에서 활동하겠다며 두산중공업 비정규직으로 취업했다. 비정규직 운동을 하겠다며 두산중공업에서 2년 가까이 다녔다. 처음 고 변우백 씨가 한 일은 손으로 '빠빠'를 미는 작업이었다. '산추련' 회원 모임에서, 손에 힘을 너무 주어 퉁퉁 부어 주먹이 안 쥐어진다며 손을 보여주곤 했다. 일이 고되어 가끔 오던 '산추련' 회원 모임에도 오지 못했다. 사내하청업체 덱코 소속 한 노동자는 또 다른 사내하청업체 가나산업 노동자가 운전하던 지게차에 깔려 15미터 가량 끌려갔다. 신호수가 있었다면 일어나지 않을 사고였다. 한 공장에서 일했지만 함께 일하는 노동자의 소속 하청업체가 달라 작업에 대한 소통을 제대로 하지 못한 채 벌어진 사고였다. 유가족들과 함께 사고 다음날 두산중공업 터빈공장을 찾았지만 이미 사고 현장은 깨끗이 치워졌다. 두산중공업 측은 사망한 직원이 사내하청 소속이기 때문에 자신의 책임은 없다는 말만 반복했다. 두산중공업에서 지게차 사고로 인한 사망사고는 처음이 아니다. 2004년 11월, 2005년 1월 지게차 사망 노동자는 모두 하청 노동자였다. 투쟁이 이어졌지만, 마음은 편치 않았다.

"아…지금도 힘든데. 49재 추모 집회하는데 나한테 사회를 보라는 거야. 한서병원 앞에서 사회를 보는데. 하아~ 눈물은 나오고 말은 안 이어지고 또 감정을 죽여야 다른 사람한테 전달이 되는데. 제 감정 정리가 안 되는데…음 비슷한 고민을 했을 테고 또 그 현장 활동하고 건강권 투쟁

중국인으로 한국에서 미등록 상태로 일하다 2011년 지게차 사고로 사망한 허이페 님은 죽어서야 10년 만에 아들을 만났다. 이은주 그리고 쓰다.

을 하자던 사람이 산재로 죽었으니까. (한동안 침묵, 눈물) 사회당 때 같이 활동했던 동지들이 내려와서 투쟁하고 조사도 하고. (중략) 음악이랑 영화 이런 걸 되게 좋아했던 친구였어요. 회의 끝나면 여기 밑에 투다리 되게 좋아했는데. 영화 이야기 하는 거 사진 찍는 거 좋아해서, 산에 갔을 때 사진도 남아있어요… 부채감인 거 같아요. 건강권 운동을 하는 사람이 생명이 무엇보다 소중하다고 지키려고 했던 사람이 산재로 사망하고 아무도 손쓸 수 없었으니까. 아무튼 올해는 아직 못 봤네요. 길가다가도 그 옆모습이 갑자기 보이기도 하고. (흐느낌) 그렇습니다."

비정규직 노동자로 노동운동을 하던 고 변우백 씨가 산재로 떠나갔다는 사실은 일터에서 노동자의 건강과 생명이 어떻게 다루어지는지 단적으로 보여준다. "지역에서도 계속 사고만 나면 비정규직 노동자들이었다." 변우백 씨 산재사망 사건 이후 2008년 '경남 비정규노동자 건강권

대책위'가 만들어졌다. 두산메카텍의 비정규 노동자들이 교각 건설 중 깔려 사망했고, 진해 오리엔탈정공의 한 파견 노동자는 공장 화장실에서 주검으로 발견됐다. 과로로 인한 뇌심혈관계 질환이 사인이었다. 대책위는 유가족들과 현장 조사와 투쟁을 이어나갔다.

이은주는 옆 모습이 그와 닮은 사람을 우연히 보곤 했다. 그러나 올 해는 아직 그를 만나지 못했다.

안식년-나 토닥여 주기

이은주는 노동의 대가로 몸의 고통을 호소하던 사람들, 산재사고로 가족을 잃은 사람들의 목소리를 경청하며, 그 원인이 무엇인지 조사하고, 아프지 않고 다치지 않고 일할 수 있을까 고민하고 실천해 왔다. 견결함을 강조하며 노동건강권 운동에 매진했다. 인터뷰를 할 때마다 이은주는 "견결(堅潔)함"이란 단어를 강조했다. 그녀에게 견결함은 한자어 그대로 단단하고 깨끗한 것이자 다른 것에 물들지 않는 것, 즉 깨기가 쉽지 않음을 의미한다. 투쟁을 하는 과정에서도 일상의 작은 실천에서도 국가 지배 질서에 맞서야 하는데 노동건강운동에서도 그녀의 삶에서도 그 질서를 용인하지 않으려는 노력이 이어졌다. 그녀가 견결함을 강조하는 이유이다.

"상근 활동하는 이 공간은 우리의 꼬뮨이어야 된다고 생각해요. 자기 능력껏 일하고 필요한 만큼 월급을 가져가는데, 필요한 만큼은 (웃음) 안 되지만 최소 공평하게 월급을 가져가야 한다는 원칙은 있죠. 상근하면 다 동일한 급여예요, 활동비라며 나오는데. '연봉처럼 근속연수 따라 차이를 줘야 하지 않냐' 말하는 분도 가끔 있어요. 활동비를 많이 못 주니 미안한 마음에 그러시죠. 저는 '아니 최소비용도 안 나오는 최저임금 수준 정도인데 거기에 무슨 차이를 두려느냐. 우리는 동일노동 동일임금 원칙에 벗어나면 그만두겠다' 말하죠. (중략) 존재가 의식을 규정한다 생각해서 자격증이 없는데. 누가 저보고 운전하라는 거예요, 운전하면 달라진다, 멀리 갈 수 있다고. '저는 대중교통만 있는 세상에 살고 싶은데요.' 말하니 '보통사람이 아니었군.' (웃음) 하시더라구요. 근데 저는 제가 뭔가 가지고 있으면 제가 안주하게 될까봐."

견결함은 '마창산추련' 운영과 자신의 삶에도 적용된다. 존재가 의식을 규정한다는 말처럼, 그녀는 적게 소유하고 적게 소비하며 지낸다. 더 많은 소유가 삶의 목표가 된다면, 더 많이 소유하기 위해 다른 사람들을 적대시하고 경쟁할 수밖에 없다. 소유가 수단이 아닌 목적으로 전락하지 않기 위해, 그녀는 견결함을 다시 강조한다.

어느 순간부터 소통은 그녀에게 중요한 화두가 되었다. 지친 것도 있지만 사람들과 소통하고 싶다는 생각에 2009년 안식년을 가졌다.

"나는 어떤 사람이지? 어떻게 살아왔지? 하며 학생운동 시절부터 되짚어 본 거죠. 나조차 의도치 않게 다른 사람에게 상처를 주었구나 깨닫게 되며, 내 안에 군사문화 집단주의 이런 게 있었구나 느끼며 그 공간이 불편해졌어요. 이야기하거나 사소한 농담 하나하나 꽂혀 못 있겠어서, 회의만 끝나면 집에 와서 음악을 듣거나 혼자 시간을 보냈죠. 특별한 계기라기보다, 살아가는 과정 속에 그런 고민이 들었죠."

봉제, 신발, 전자업체가 입주해 있는 필리핀 카비떼산업단지의 여성노동자들. 연구를 위해 이곳에 출장온 정진주 소장을 따라다녔다. 오른쪽에 서 있는 사람이 이은주.(2009 여름)

소통을 가로막는 것이 무엇일까 생각에 생각을 거듭했다. 어느 순간 내 안에 조직보존주의와 군사문화가 있다는 점을 깨달았다. 남성중심적 문화를 용인하지는 않았지만, "노조의 질서, 움직임, 규율"을 강조하는 한국 노동운동의 문화에서 자신 역시 자유롭진 않았다.

2009년 이은주는 휴식시간을 가진다. 상근 활동의 휴식이었지 운동가로서 안식은 아니었다. 자신이 활동하는 경상남도 창원으로 시야와 고민이 좁아지는 것 같아 많은 곳을 다니며 경험하며 배웠다. 원주의료생협에서 한 달, 경남 이주민센터에서 자원 활동, 말레이시아에서 5달, 필리핀에서 3주를 보냈다. 사람들은 "그게 무슨 쉬는 거냐?" 했지만 이은주에게는 이것이 휴식이었다. 소통의 문제를 성찰한다면서 때로는 말이 통하지 않는 타인을 탓할 수도 있지만, 이은주는 끝까지 자신을 파고 들어갔다. "쉬는 단절이 있어서" 자신 안에 에너지가 생겨서 가능했다.

"사람들이 제가 달라졌다 이야기하지만 저는 모르겠어요. 다 그러지는 않지만 '여유가 생긴 것 같다. 그 전에 이은주는 되게 빡빡하고 힘들어 보였는데, 여유가 좀 생긴 것 같다'고. 근데 나이가 드니 모든 걸 이해하고 무뎌지는 게 아니어야겠다, 생각은 되지만. 칼날이 무뎌지는 문제는 아닌 것 같아요. 오히려 내가 유연해지며 강해지면 좋은 게 아닐까 생각되죠. 모르겠어요. 다른 사람이 볼 때는 옛날보다 투쟁적이지 않다고 말할 수 있지만. (중략) 이상관 투쟁 때 저에게 '니가 그렇게 깨끗한지 얼마나 갈 수 있을지 두고 보겠다'고 한 선배도 있었죠. 활동하던 사람이고 억울한 마음도 있겠죠. 자신이 올바름이라 생각한 것도 있을 테고. 생각의 차이 견해의 차이가 있을 수 있죠. 근데 지나고 보니, 그렇게 싸울 때는 운동이 활발한 때였던 거죠. 그렇게라도 이야기하고 소통할 때는. 지금은 그게 이해되기 시작한 거예요. 그럴 수도 있겠네, 그분들은 그게 중심이니. 누가 나이 먹으면 다 이해가 된다며. (웃음) 그 이야기가 생각나는 거죠. 내가 그런 나이가 되었나, 견결함이 사라진 게 아닐까 생각되지만, 이해의 폭은 넓어져야 한다고 생각해요."

이은주는 안식년 동안 관계맺음에 대해 끊임없이 질문하고 고민했다. 견결함을 강조하며 살아온 자신을 돌아보며, 스스로 인간에 대한 이해와 고민의 폭이 더 넓어져야 한다는 생각이 들었다. 그러다 타인과 소통한다는 것은 우선 나에게 몸과 마음의 여유가 생겨야 가능한 일이라는 것을 깨달았다. 누군가를 사랑한다는 것은 그가 더 나은 존재로 살기 위해 함께 고민하고 조언해 주는 것도 중요하지만, 때로는 그의 행동을 이해해주고 다독여주는 것 또한 필요하다는 깨달음을 얻었다.

"제가 아프다는 걸 인식은 하지 않고 산 거 같아요, 그때 원칙으로 정한 게 '끊임없이 일 생각은 말자. 그 다음 몸이 신호를 보내면 쉬어주자' 였어요. 집에 와 혼자 있는 시간을 가지면서 짜증나는 건 내가 너무 지쳐서…저 사람의 이야기가 어땠느냐를 넘어 '저 사람 왜 아플까 왜 저렇게 말할까'를 읽어주지 못하고 나도 이미 힘든 상황이란 걸 인식한 거죠. 그래서 나 다독여주기를 한 거죠. 그때 생긴 버릇이 화장실 입구에서, 세숫대야에 발을 담구고 주무르며 그날 퉁명스레 말한 일을 생각해 보며 '참 그럴 만했네, 힘들었으니 그랬네.'며 저를 다독여준 거죠. 좀 여유가 생기면 '아, 그 사람이 나에게 이렇게 말해 내가 상처 입었구나. 저 사람은 이거 때문에 그렇게 말했겠구나.' 이게 된 거죠."

바쁜 일상 속에서 나의 마음과 몸에 여유를 주기 위한 규칙을 세웠다. 마음이 힘들다고 부친다고 스트레스를 받는다고 할 때, 그 마음 다독여주기, 지친 몸이 신호를 보내면 쉬어 주기, 사소하고 작은 규칙 같지만 그녀는 유연해진 자신을 발견할 수 있었다. 여유와 에너지가 생기자, 사람과 관계에 너그러워졌고 새로운 활동들을 시도할 수 있게 되었다.

지역의 경계를 넘어

안식년을 다녀오니 사람들이 "눈빛이 반짝거린다, 달라졌다" 말했다. 눈빛뿐 아니라 새로운 활동도 시작했다. 2010년부터 녹산공단 비정규직 사업, 2011년 베트남어 스리랑카어 영어 중국어 등 8개국어로 『이주

이주노동자 노동기본권 안내 책자((네팔어, 미얀마어, 베트남어, 영어, 우즈베키스탄어, 인도네시아어, 중국어, 캄보디아어, 태국어로 출간(2012.7).

노동자 건강권을 위한 소책자』 발간, 2012년 '노동건강문화센터 새터'를 거제에 개관하였다.

"20년간 '마창산추련' 활동을 어떻게 확장하고 새롭게 재편할지 생각했죠. (중략) 새터 개원 때 1년 정도 선전전을 했는데, 월차 쓰고 회원들이 왔죠. 그런 회원들이 없어요. '마창산추련' 운영도 힘든데, 출자해서 사무실도 만들고 월차 쓰고 선전전도 하고."

'마창산추련' 회원들이 20년간 노동건강권 운동의 성과와 노하우를 마산과 창원이 아닌 지역에 나누겠다는 마음과 실천이 없었다면 새터는 시작도 못 했을 것이다. 거제, 고성, 통영의 노동자들이 자신의 권리를 알아가고 함께하는 실천으로 권리를 확보하고, 서로의 삶을 지지하며 힘을 돋우는 "배우는 공간, 실천의 공간, 연대의 공간, 나눔의 공간"을 알리겠다고 하였다. 출자를 하고 월차를 쓰고 선전전에 오는 '산추련' 회원들 덕분이라고 이은주는 말한다.

녹산 공단 역시 마산창원 지역은 아니다. 행정구역상 부산이지만, 녹산은 창원과 부산 사이 새롭게 만들어진 공단이다. 우리 동네도 챙길게 많다는 핀잔을 듣기도 하지만, 이은주는 "도대체 우리 동네가 어딘지 모르겠다."며 너스레를 떨었다. 녹산공단에서 일하는 사람들은 나이가 너무 많거나 젊거나, 아니면 한국인이 아니었다.

"대부분 나이가 많거나 20대 노동자들이에요. 20대들은 원하는 곳에 못 가 여기서 일하다 좋은 일자리가 있으면 언제든지 가려고 하지만 실제로는 못 가죠. 이미 배제되고 탈락된 노동자들이 작은 공단에 와요. 정규직이 되는 일자리도 없고, 요즘은 그것도 돈 주고 가는 곳도 많으니."

녹산 공단 비정규직 조직화 사업은 햇수로 5년차이다. 건강권 문제도 담고 있지만 아직 권리 안내를 주로 하는 초기 사업 수준이다. 녹산 공단 비정규직 노동자 실태 조사는 임금과 근로기준법을 주로 다뤘지만, 2012년 방사선 누출 사건은 활동가들의 사업의 우선 순위를 바꾸었다. 기자가 지나가다 "삐삐삐" 소리가 난다는 제보가 계기였다. '녹산 조직화 대책위'는 방사선 누출사고 조사단을 꾸리고, 부산 에너지 정의행동과 함께 몇 군데 사업장을 조사했다.

“선전물을 매일 나눠줬죠. 방사선 관련 건강권 문제로 제보도 계속 받으니, 노동부 조사를 확장하는 압력도 줄 수 있는 역할을 했죠. 실제 제보도 들어왔어요. ‘늘 방사선을 찍는 공장이 있는데, 옆 공장에서 지금 촬영한다’는 전화가 온 거예요. 창원에서 부랴부랴 택시 타고 갔죠. 녹산 가며 노동부 부르고, 그 공장에 가니 점심시간이었어요. 점심시간에 한국 노동자들은 밥 먹으러 가고 이주노동자들은 밥 먹고 정리작업 하더라구요. 필리핀 노동자들이 있는데 거기서 방사선 촬영을 한 거죠. 실제 방사선 노출이 된 거죠. 통역을 통해 물어보니 ‘늘 그렇게 했다. 그게 뭔지 몰랐다’는 답변을 확보하고. 업체분이 오셔서 재연하는데, 방사선 작업 시 계측기가 없더라구요. ‘왜 안 달고 있냐.’ 물으니, ‘아는데, 이런 걸 알면 작업 못해요. 잘 아는 거 아닙니까?’ 하시더라구요. 실제 그 분도 피해자인거죠.“

“워낙 소규모 공단이다 보니” 용접된 부위를 촬영하는 RT(비파괴검사) 작업 공간도 시설도 없었다. 방사능 검사시설을 제대로 설계하지 못하고 세워진 소규모 공장이다. 이곳에서 일하는 노동자도 검사자도 이웃도 모두 방사능 피해에서 자유롭지 않았다. 이주노동자들은 바로 임시 검진을 받았고, 대책위는 제보로 파악된 현장 상황을 통해 “노동부에 이야기할 수 있는 게 훨씬 커졌다.”

이후 건강권 지킴이 모집을 했지만 “이것도 사안이 발생하면 그때는 되는데 현장 주체가” 없어 지속이 안 됐다. 이은주는 비정규직에 대한 노동운동의 현실을 탓하기보다 “노동건강운동이 일상적 사안이 발생했을 때 직접적으로 개입하는 투쟁이 반드시 필요하다.”고 생각했다. 노동자들이 건강권에 관심이 없는 게 아니라 “얼마나 준비하고 계획하는가?”가 중요하며 필요한 것이다.

산재노동자의 죄의식

작년 크리스마스 전 녹산공단 선전전을 나갔다 식당에서 한 노동자를 만났다. 다리 저는 모습을 보고 “왜 그러시냐?” 물었다. “허리가 너무 아파 다리가 저려 그런다”는 답이 돌아왔다. “10년간 일했으니 산재 신청을 하시라” 말했지만, “우리 회사는 작은데 내가 신청해 가지고 괜히 분란을 일으키고 회사가 어려움에 처하면 안 된다”고 조언을 거절하였다.

며칠 후 생산 공정이 자동화된 사업장 교육을 갔다. 한 산재 환자가 노동조합과 상담하며 “내가 회사에 손해를 끼쳤는데 산재 신청하는 게 또 다시 분란을 일으키게 되는 거 아니냐, 그래서 공상을 하는 게 낫지 않을까” 말했다. 녹산의 소규모 공장 비정규 노동자와 노동조합의 정규직 노동자가 느끼는 죄의식은 뭘까? 왜 생길까? 이은주는 묻고 또 물었다.

“죄의식이 왜 생길까? 죄의식은 분노나 이런 감정과 다른 것으로 발현되는데. 자기가 살려는 방어기제로 죄의식이 작동한다고 해요. 공장 안에는 공장 규율과 정치가 있어요, 빨리 생산하고 생산을 통해 이윤을 내는 것이 공장의 규율이고. 그 규율대로 사람들이 훈련되어 그 사람의 이데올로기처럼 되잖아요. 그러다보니 내가 그 안에서 일체화되니, 내가 사고가 나서 생산에 악영향을 끼치는 건 이 공장에서 불필요하거나 분란을 일으키는 존재가 된다며 스스로 미안해 하죠. 그래서 그 미안함을 표현해야 하는 거죠. 산재 신청 안 하고 공상 처리하는 것이 미안한 산재노동자가 뭔가 하고 있다는 걸 보여주는 느낌 그런 것 같아요. 예를 들어, 제가 사무실에서 일하는데 집안 일이 있어 일찍 가야 하면, 약간 미안해서 다른 걸 미리 해놓는 거."

일터에서 일하다 다쳐도 그 몸의 통증을 고통을 이야기하고 왜 그 통증이 생겼는가 말하는 것만으로도 "문제를 제기한 자가 문제를 일으킨 자"라 여겨진다. 그 현실이 결국 산재노동자의 죄의식을 만들었다.

"아픈 노동자들이 치료 받으러 가면 '야, 사회에 보호할 사람이 얼마나 많은데. 이 무능력자들을 사회가 보호해야 돼?' 이런 시각으로 산재보험이 개악되었잖아요. 이처럼 그냥 그런 취급을 당하니까. 그런 사회에서 자기가 살아남기 위해 그 질서 아래 살기 위한 자기 방어 기제가 발현되는 거 아닐까? 언론이나 이 모든 것들 그렇게 작동되잖아요. 그러니 사람들이 내가 왜 살아가는지 나의 몸은 뭔지 등을 생각하지 못 하죠. 그런 사회적 분위기 그리고 그런 게 가장 집약되어 있는 곳이 노동 현장이라는 생각이 들어요. 딱 그 질서 안에 통제 안에 기계가 가동되어야 되고 생산물이 나와야 하는데, 내가 사고가 나서 문제가 되면 기계를 세워야 되고 돈을 들여서 뭐를 해야 하는 게 안 쓰는 돈을 들이게 되는 것처럼 그런 분위기가 되다 보니까. 아파도 아프다고 말하는 사람을 똑같이 아픈데 왜 지는(왜 너만 그런가)? 이렇게 연대를 가로막는 기제들이 되는 거예요."

세월호, 먹고 사는 문제 아닌 죽고 사는 문제

일하다 다치고 사망하는 게 줄어들지 않는 건, 또 OECD 회원국 중 산재사망률 1위라는 오명은 다 한국인들의 부주의 때문일까? 이은주는 산재사망과 대형 참사 원인은 바로 규제 완화라고 이야기한다. IMF 이후 기업하기 좋은 환경을 만들겠다며 진행된 규제 완화는 안전시스템의 외주화 민영화 파편화로 귀결되었기 때문이다.

"어제 세월호 북콘서트에서 다영 아버님이 그 얘기 하시더라구요. '먹고 사는 거에 급해 살다보니 자식을 이렇게 보내야 되는 사회가 되었더라. 내가 먹고 살려고 노력하는 동안 온갖 규제나 이런 것들이 다 풀리고, 나는 먹고 사는 것에 집중하다보니 몰랐다. 그래서 지금은 먹고 사는 것보다 죽고 사는 문제가 더 중요하다. 내 자식이 그 대참사의 마지막 피해자이기를 바라는 마음으로, 죽고 사는 문제가 더 집중해야 될 일이다'고 말씀 하시더라구요. 다영 아버지 말씀처럼 먹고 사는 문제에 집중하다보니 자기가 어디 서 있는지 잘 모른다는 생각이 들었어요."

일터에서 다치지 않고 건강하게 일할 권리를 고용과 임금 문제와 맞바꿀 수 있다 생각한 후과는 너무 컸다. 자신의 몸과 삶의 권리는 그 무엇과도 바꿀 수 없는데 말이다. 이은주는 요즘 노동권이 점점 축소되는 노동현장을 보며 "보편적 권리로 작업중지권을 확장했더라면" 어땠을까 하는 생각이 들었다. 작업중지권은 산업재해나 중대재해 발생 위험이 있을 때 혹은 발생할 때 즉시 작업을 중지하고 대피하는 등 안전보건

상 조치를 취한 뒤 작업을 재개할 수 있는 권리이다. 1989년 전개된 산업안전보건법 개정 운동에서 작업거부권은 주요 의제였고, 1990년 개정된 산업안전보건법은 작업중지권 행사 주체를 사업주로 한정하였다. 산업안전보건법 개정 운동으로 작업중지권 행사 노동자에 대한 보호 조항이 1996년 신설되었다. 몇몇 노동조합은 회사와 단체협약에 작업중지권을 사업주만의 권리가 아닌 노동조합의 권리로 명시하였다.

"그 시기에는 뭐 그것조차도 힘든 일이였으니까 '노동조합이 권리를 가지는 것이 당연하지'라는 것에 더 착목하고 했지만. 지금 돌이켜보면 조금 더 확장되어서 활동하는 게 필요하지 않았나, 그런 생각이 좀 많이 들어요. 80년대 후반 90년대까지 산업안전보건법 안에 보면 노동자 개인의 권리보다는 노동조합의 권리에 오히려 집중하는 흐름이 있었죠. 근데 전체 사회를 보면 노동조합의 영향은 굉장히 축소되고, 비정규직이 양산되고. 개인의 노동권, 건강권 문제가 심각하게 제기되는데, 우리는 여전히 조합의 권리에 너무 집중하지 않았나 생각이 들어요. 그런 고민이 드는데, 어떻게 가야 되나 하는 것은 막연하고 아직 잘 안 떠오르네요."

작업중지권이 보편적 권리로 개인이 행사할 수 있는 권리로 확장하지 못한 아쉬움은, 최근 세월호 참사의 안타까움으로 다가왔다. 승무원들이 사업주에게 안전교육을 요구하고, 적재량을 초과한 화물과 안전장치 미비를 문제제기 할 수 있었다면, 일하는 자신과 탑승한 사람들의 안전한 유항이 보장되어야 한다고 주장했다면, "보편적 권리로서 작업중지권을 주장하여 안전과 건강권에 대한 사람들의 인식과 사회적 관심을 높였더라면"이라는 아쉬움이 들었다.

모든 약자 그리고 생명

비혼이며 아이도 없기 때문에, 아이들은 그녀의 관심사 밖이었다. 세월호 참사가 터지자, 길거리에 지나다니는 아이들 표정이 보이고 목소리가 들리기 시작했다.

"창원 MBC에서 세월호 북콘서트 할 때, 음, 어머니들의 이야기에 마음이 아프고 눈물이 쏟아졌는데. 태준이하고 준우가 형제인데, 형 키가 178이었데요. 동생 태준이가 늘 '나는 형보다 클 거야, 180 넘을 거야' 그랬는데, 형이 떠나고 나니 '나는 178까지만 클 거야. 형 옷을 내가 계속 입고 싶어' 이야기했다는 거야. 아이의 눈으로 그 사고와 참상을 보게 되잖아요. 어른들이 '아, 내가 내 자식을 지키지 못 했습니다'와는 다른 문제란 생각이 든 거죠."

태준이 이야기를 들으니, 아이들의 시선으로 세월호 참사를 바라볼 수 있게 되었다. 자식 잃은 부모 심정에 공감하며 진상규명을 회피하는 "못된 어른이 되지 말아야겠다"고 생각한 그이지만, 새로운 깨달음이었다. 가장 가까운 친구이자 멘토였던 형의 빈 공간을 매일 지켜봐야 했던 동생의 시선을 알게 되었다.

아이들을 지키지 못한 어른의 시선이 아닌, 아이들의 눈으로 다시 바라보자 세월호 참사의 고통과 슬픔이 다르게 느껴졌다. 약자의 눈으로 세상을 보고 현실을 바꿔보려 노력했지만, 누구의 시선으로 바라볼 것인가는 여전히 노력해야 할 문제이다.

"오리엔탈정공 비정규직 노동자가 진해 영안실에 있는 시간에, 어느 노동조합 간부가 뇌심혈관계로 돌아가셨어요. 노동자장, 노동조합장을 치렀죠. 음~ 장례식장에 갔는데 그 진해 영안실과는 너무 다른 거예요. 이 노동조합이 어떻게 투쟁해왔는지를 보아왔기 때문에 그렇게 꾸려진 장례식장의 의미도 알겠어요. 그렇게 투쟁해왔기 때문에 거기까지 와있는 거니, 너무 소중하죠. 하지만 장례식장의 크기, 놓인 음식, 고인의 마지막을 대하는 이것도 다르게 보이는 상황이었죠. 이 노동조합이 얼마나 힘든 과정을 거쳐서 이를 얻어냈는지도 보이지만, 한편으로 우리 안에 차이를 보게 된 거죠. 나의 권리 우리가 지키려고 하는 권리를 넘어… 비정규직 노동자, 지금도 19살 대우조선 노동자가 떨어져서 사망하는 이 현실이 계속 반복되고 있는데. 건강권 운동은 그 눈으로 봐야 하는 거 아닐까. 우리가 문송면과 원진레이온 시기에 그 노동자의 눈으로 세상을 본 것처럼 지금은 이주노동자의 눈으로 비정규직 노동자의 눈으로 보고 같이 호흡해야 되는 거 아닐까라는 생각이 들어요. 건강권 운동이 그렇게 확장해야 하는 거고 그것이 기업의 테두리 노동조합 테두리 안에 머물지 않고 보편적 권리로서 확장될 수 있도록 사회운동화해야 하지 않나. 결국 지금의 대형 참사들이 일어나는 문제와 무관하지 않을까."

누구의 시선이냐는 중요하지만 너무 어려운 문제이다. 나의 의지와 상관없이 돌아가는 이 세상에서 개인 각각에게 주어진 결정권이 적기 때문이다. 그럼에도 우리가 하는 운동은 노동자가 자기 몸과 생명에 대한 결정권을 가져야 한다. 자기결정권은 인간과 인간관계로 끝나는 것이 아닌 인간과 관계 맺는 모든 생명으로 확장되어야 하며, 누가 절대 권력을 휘두르지 않는 관계 맺음이 되어야 한다. 결국 삶 하나하나를 재구성하고 바꿔가는 문제이다. 비슷한 생각을 가진 사람들을 만나 무언가 모색하고 구체적 실천을 하며 기쁨을 느끼는 것이 건강권 운동에 녹아나길 이은주는 바란다.

함께 호흡하는 사람들, 내 삶의 버팀대

이은주가 23년간 노동건강권운동 활동가로 지내며 자신을 지탱한 힘은 바로 사람들에 대한 소중함이라 말한다. 노동건강권운동은 바로 "자신의 삶과 자신의 몸에 대해 절박함을 느끼고 그것을 드러내고 같이 느끼는 사람과 호흡하고 연대하고 투쟁하고 실천하는 과정"이다. 그 모든 과정에서 나의 소중함과 절박함이 전달되면 사람들과 소통이 가능해졌다. 회비를 꼬박꼬박 내고 활동을 함께 한 회원들, 상담하러 온 사람들, 건강한 일터를 만들기 위해 실천하는 노동자들. 이 모두는 자신의 몸뿐 아니라 타인의 몸과 노동의 관계에 대해 함께 이야기하는 사람들이었고, 이들의 소중함 덕분에 그녀는 운동과 견결함을 잃지 않았다.

"가장 맛있게 먹었던 밥은 서울에서 상경투쟁할 때. 이상관 투쟁으로 150일 상경투쟁 할 때, 삼미특수강 동지들이 상경투쟁을 했는데 그 시기가 겹쳤어요. 같은 지역에서 왔고, 다들 아는 분이니, 우리 천막에 무슨 일이 생기면 천막도 후딱후딱 고쳐 주셨어요. 당시 삼미특수강 분들은 조를 짜서 밥을 했어요. 투쟁이 끝나고 내려와도 그 밥이 그렇게 그리운 거예요. '왜지? 그 상황에서 동질감도 들었고, 같은 생각을 하고 같은 꿈을 꾸는 사람하고 밥 먹는 게 이렇게 맛있구나.' 생각이 들었죠."

함께하는 사람들에 대한 소중함은 가장 맛있는 밥에 대한 기억으로 나타난다. 이은주 말처럼 가장 기쁜 순간은 어쩌면 가장 고통스런 순간과 공존한다. 하지만 힘듦도 그 과정을 함께 한 사람들이 있기에 포기하지 않고 그 시간을 버틸 수 있었다. "인생은 결국 여러 가지 감정이 복합된 하나이기 때문에 지치기도 하고 힘들기도 하고 또 때로는 웃음도" 지으며 그 과정들을 지날 수 있었다.

"산업안전보건운동하면 큰 투쟁만 생각하잖아요. 그 싸움 속에 소소한 노동자들의 일화들, 가령, 저희가 검진 조사하러 갔을 때 어떤 노동자 분은 한 시간인가 막 우셨어요. 그런 이야기를 털어놓을 공간이 없어서 이야기하시며 우시고. 보따리 싸서 상경투쟁 할 때도 비장하지만은 않죠, 재밌던 일도 있고. 그런 게 있어서 투쟁이 계속되잖아요, 지탱되기도 하고. 근데 사람들에게 기억되거나 기록되는 건 그런 일상보다는, 몇월 며칠 어디서 집회했고 투쟁 의의는 뭐고 이런 것만 남아있으니까."

힘들지만 노동건강운동을 이어가는 힘은 바로 사람들에게 있다. 하지만 '산추련'의 기록, 역사는 다른 노동운동 사회운동의 기록처럼 투쟁의 의의와 일지로 채워진다. 이은주는 투쟁 역시 사람들이 하는 것이라 사람들의 이야기를 어떻게 남길지, 그 투쟁이 가능하게 했던 사람들에 대한 기록을 기억이 사라지기 전에 남기고 싶다. '산추련'은 이은주에게 "그런 공간이 돼 주신 분들이 있는" 공간이다.

"제 고민은 관성화된 제 인식이나 활동이 산추련 발전에 저해요인이 되지 않나. 새로운 사고를 가진 젊은 분들이 와서 새로운 시도도 해보고, 저에게 자극을 주면 좋을 텐데. 제 관성대로 운동이 가는 게 아닌지 이게 고민이에요. 빨리 (웃음) 젊은 사람들이 오면 좋겠어요. 그러면 훌훌 털고 업무를 나눠 자유롭게 다른 일을 하고 싶어요. 그리고 하고 싶은 일은, 특별하진 않은데, 더 현장에 다가가는 일이요. 비정규직노동자 이주노동자 문제에 더 많은 시간을 보내고 싶어요, 현장에서 선전전 하고 상담하면 에너지가 생겨요. 녹산공단 갈 때 피곤해서 지쳐서 가요. 근데 선전전 하러 식당 가서 사람 만나면 힘이 생겨요. 젊은 분들이 와서 건강권 운동에 새로운 시도도 필요하고, 저는 또 다른 공간에서 새롭게 시작하는 활동이 필요한 거 같아요. 지역들이 다 어려운 상황이잖아요. 그래서 지역을 연결하고, 연결하기보다 그 지역에서 뭔가 활동하려는데 지지기반이 없는 분들을 지지하고 지원하는 역할도 필요하다 생각해요."

이은주의 생애는 '마창산추련', 경남지역 노동건강운동의 역사와 분리할 수 없다. 하지만 이은주는 '산추련' 발전을 위해 자신의 역할을 점차 줄이고자 하며, 또 다른 공간에서 '현장에 더 다가가는 일'이 무엇일까 모색하고 있다.

마산창원거제산재추방운동연합

'마산창원거제산재추방운동연합(이하 마창산추련)'은 국내 최장 왕복 8차선 직선도로인 창원대로를 끼고 창원병원을 마주하고 있다. '마창산추련'이 위치한 공단상가는 한국 기계산업의 요람인 창원국가산업단지 건설 후, 처음 완공된 상가아파트이다. 새로 지은 빌딩과 아파트 속에 위치한 공단상가는 시간을 거슬러 올라간 듯 보였다. 창원대로는 엄청난 생산품을 실어 날랐겠지만, 수많은 산재노동자들 역시 창원대로를 건넜다. '마창산추련'은 21년간 근로복지공단 산하 공공병원인 창원병원의 건너편 자리를 고집스럽게 지켜왔다. 이은주는 1994년 '마창산추련' 전신인 '일하는사람들의건강을위한모임' 간사로 이 일을 시작했다. 이 모임은 1990년 12월 마산창원지역 노동조합 산업안전보건국 간부들이, '노동자건강을위한모임'은 이듬해 11월 약사, 간호사, 치과의사, 한의사, 방송 프로듀서가 만들었다. 두 단체는 각기 산재 추방 운동을 펼치다, 1995년 '노동과건강을위한연대회의'로 통합하여 창원 내동 공단상가에 사무실을 마련했다. '노동과건강연대회의'는 1999년 '마산창원산재추방운동연합'으로 개편해 오늘에 이르고 있다. '마창산추련'은 노동자 중심 노동보건운동, 현장 중심 노동보건운동을 지향한다. 간부, 전문가 중심의 노동보건활동을 넘어 노동조합과 노동자의 힘이 실린 노동안전보건운동 및 재해노동자 보상뿐 아니라 노동환경 개선, 직업병 예방활동까지 펼치고 있다. 특히 '마창산추련'은 회원들 회비로만 운영된다. 외부 도움을 받다 보면, 자립할 힘을 기를 수 없고 제 목소리를 못 낼 거란 우려 때문이다. 필요하다면 회원들이 재정사업을 했다. '일하는사람들의건강을위한모임'의 사무실을 구할 때도 그랬다. 회원들이 깔창을 팔아 사무실 임대료를 구했다. 어렵지만 노동자 편에서 노동자 건강권 운동을 꾸려가고자 하는 지향은 '마창산추련'의 사업 목표, 활동 방식, 재정 운용 등에 녹아 있다.

이은주 약력

1968년 출생

1993년 대학 중퇴 후 노동운동 시작, 마산창원으로 가다

1994년 '일하는사람들의건강을위한모임' 간사로 노동자 건강권 활동 시작

1995년 '일하는사람들의건강을위한모임'과 '노동자건강을위한모임'이 '노동과 건강을위한연대회의'로 통합, 사무국장

1995년 창원 삼성중공업 김동근 사망사건 대책 투쟁

1995년 마산창원 산재동우회 투쟁

1998년 근로복지공단 IMF 고통 분담 대책에 대한 투쟁

1998년 마창 지역 10여개 사업장 공동 요통 실태조사단 활동

1999년 '노동과건강을위한연대회의'가 '마산창원산재추방운동연합'로 개편

'산재노동자 이상관 자살 책임자 처벌과 근로복지공단 개혁 투쟁' 상황실장

2000년 현장보고서 「다친 것도 억울한데 뭐 어째」 발간위원

삼미특수강 및 장기투쟁사업장 노동자 건강권 파괴에 대한 조사와 대응활동

2001년 구조조정 반대 노동 강도 강화 저지 근골격계 조사 사업, 노동보건연대회의 활동

2002년 대우조선 노조 근골격계 투쟁 활동

2003년 '배달호 열사 투쟁' 현장 선전위원

2004년 근골격계 유해요인 경남지역 조사지역조사단

2005년 근로복지공단 독소지침 철회 투쟁(경상남도 통영지사)

「산재보상실무 자료집」 발간 준비위원

2006년 'GM 창원 비정규직 투쟁' 지원활동

산재보험 개악 저지 투쟁위원회

2007년 근골격계 유해요인 지역조사단 활동

2008년 두산중공업 하청노동자 고 변우백 동지 사망사고 대책 활동

근로복지공단 창원지사 고소 건에 대한 소송 집행유예

'경남비정규노동자건강권대책위' 활동 (진해 오리엔탈, 창원 두산메카텍)

2010년 근골격계 경남지역 조사단

'녹산공단조직화대책위' '녹산 노동자 희망 찾기' 참여

'부산울산경남지역노동자건강권대책위' 위원

2011년 이주노동자 건강권을 위한 책자 「모든 노동자의 건강할 권리를 위하여」

발간위원. '노동자교육센터' 교육위원

2012년 이주노동자 노동기본권 「노동자는 하나다」 발간위원

'거제고성통영노동건강문화공간새터' 설립준비 활동. (현)운영위원

2013년 근골격계 유해요인 경남지역 조사단 활동

'중국이주노동자 고 리당청 사망사고 진실규명'을 위한 활동

2014년 경남지역 교대제 노동실태 조사사업

2015년 조선 물량팀 노동실태 조사 연구사업

2015년 조선 물량팀 노동실태조사 연구사업

세월호 참사 진실규명을 위한 창원 촛불행동 활동

2016년 이주민의 노동기본권 책자발간 위원

조선업종 구조조정 현황 및 비정규노동실태조사 연구사업

마산창원 여성노동자회 비대위원

2017년 삼성중공업 크레인사고 철저한 진상규명과 대책 마련을 위한 공동대책위 활동. STX 조선 폭발사고 원인 규명 및 대책 활동. 이경숙 선생 추모사업회 이경숙학교 설립준비위원. 조선업종 블랙리스트 실태조사 연구사업. 마창산추련 소식지 〈산재없는 그날까지〉 100호 모음집 발행 활동. 부산경남지역 집배노동자 노동환경실태조사 연구활동

이훈구
한국노동안전보건연구소 상임활동가

이훈구는 현재 ‘한국노동안전보건연구소’에서 상임활동가로 일하고 있다. 1960년 서울에서 태어나 아주공과대학에 입학했다. 탈춤반 동아리 활동을 하며 사회과학 세미나와 토론을 통해 세상의 구조적 모순들을 접했다. 세상을 바꾸는 힘이 노동 현장에 있다고 생각했기에 대학 졸업 대신 활동가의 길을 택했다. 이훈구는 용접공으로 시작해 현장 활동가들의 고충을 듣고 조언하는 상담소 활동가로, ‘노동자의힘’ 상임 활동가로 역할을 옮겨갔다. 그러던 중 현장 노동자 중심의 노동 안전 보건 운동을 모색하는 이들과 함께 2003년 ‘한국노동안전보건연구소’(이하 한노보연)을 창립했다. 이훈구는 ‘한노보연’의 초대 소장을 지냈고, 현장 중심의 안전보건 활동을 해 왔으며, 새로운 노동안전보건운동을 고민하고 시도하는 중이다. 그는 보건의료 전문가나 학자같은 외부 전문가가 노동자 대신 문제를 발견하고 해결책을 제시하는 관행에서 벗어나 현장을 가장 잘 아는 노동자가 직접 참여하는 연구와 활동이 중요하다고 보고 이에 주력하고 있다. 건강에 결정적인 영향을 주는 노동강도 완화, 심야 근무 폐지, 주야 2교대제 폐지, 근골격계질환을 위해 노동자와 함께 활동해 왔다. 건강 보장을 생활습관이나 개인적인 차원에서 생각하는 사람이 많은 세상에서 일터의 환경 특히 노동강도와 노동시간을 바꾸어 건강한 노동을 할 수 있는 여건을 만들어 왔다. 노동자의 삶이 공장 안에만 머물지 않기에 ‘공장만 똑 떨어져서’ 고민하기보다, 노동안전보건을 삶의 전 영역까지 확장해야 한다는 생각이 최근 더 강해졌다. 이훈구는 인생에서 가장 재미있는 것은 자기를 실현하는 과정이고 스스로는 그 길을 열심히 걸어왔다고 생각한다. 십 년쯤 뒤 은퇴를 생각하는 그의 꿈은 엉뚱하게도 ‘거지발싸개 같은’ ‘빌어먹을’ 놈이 되는 것이다. 그는 오늘도 그 꿈을 향해 새로움에 대한 도전을 주저하지 않고 있다.

대학만 가면 네 맘대로

이훈구는 유년 시절을 "스스로 기억을 지우고 싶었을지 모를" 시간이라 표현했다. 고등학교 이전은 거의 기억하지 못하며 지금 남아있는 당시 기억은 가족들이 나중에 말해준 내용을 바탕으로 재구성한 것이라 했다.

1960년 서울에서 태어난 이훈구의 호적등본에는 아버지 성함이 없다. 누나의 생부이자 어머니의 첫 남편은 그가 태어나기 전에 세상을 떠났다. 어린 시절 어머니와 누이를 떠나 생부와 함께 살았다고 들었지만, 그때 기억이 없다. 생부 대신 "어머니를 좋아하는 아저씨"와 함께 살았고, 커가는 동안 아버지라는 존재는 없었다.

동대문 근처에서 살다가 초등학교 때 상계동으로 이사를 갔다. 당시 상계동에는 이른바 '왈패, 양아치, 깡패' 이런 사람들이 많았다. 함께 어울려 다니던 동네 친구들은 중학생 때부터 술 담배를 했다. 삶의 우여곡절이 많았던 어머니는 그가 실업계로 가서 취직하고 돈 벌기를 기대했지만 누나가 어머니를 설득했다. 이훈구는 인문계 고등학교에 입학했다. 고등학교 2학년 여름방학 무렵부터 동네 친구들과 잘 어울리지 않고 학교와 집을 오가며 고등학교 시절을 보냈다. 자신에 대한 기억은 이 무렵부터 시작한다. "대학 가는 사람이 별로 없던 동네"에서 이훈구는 1979년 아주공과대학 전자공학과에 입학했다.

"대학에 입학했는데, 한 친구가 탈춤반에서 신입을 뽑는다고 같이 가자 했어요. 가면 막걸리를 준다는 기에요. 그래서 처음에는 막걸리 얻어먹으러 갔죠. 탈춤반에서 민중, 민중의 삶 이런 걸 얘기하고, 르포, 소설을 보더라고. 거기에서 안 봤던 세상, 몰랐던 세상을 본 거예요. 그러면서 제가 탈춤반 활동에 완전히 빠졌나 봐요. 성장환경이 워낙 불안하다 보니 어머니나 누나는 '(일단 대학에 가고) 대학만 가면 네 맘대로 해라.'고 했어요. 그래서 대학 가서 진짜 내 맘대로 했지(웃음). 40일, 50일씩 집에도 안가고 맨날 탈춤반에서 술 먹고 토하고 또 술 먹고 토론도 하고 지냈어요. 그게 재밌었어요. 생각해보면 그땐 살아가는 것에 대한 불안이나 걱정이 없었어요. 집 걱정도 안 한 거 같아요."

학기 중에는 탈춤반 사람들과 각종 르포, 〈씨알의 소리〉, 〈서울에서 온 통신〉 같은 간행물과 『난쟁이가 쏘아올린 작은 공』, 『전환시대의 논리』와 같은 책을 읽었다. 소련의 공산당 교과서, 변증법적 유물론, 모택동의 실천론 등을 비공개 세미나로 접하기도 했다. 그러다 여름방학이 되면 농촌활동, 겨울 방학에는 공장활동에 참여했다. "콩깍지가 씌었는지" 탈춤반에 빠져 살던 시간을 거치며 "세상을 바꿔야 한다"는 생각이 굳어졌다. 새내기 대학생 이훈구가 마주한 질문이 "데모를 할 것이냐 말 것이냐"였다면 대학 4학년 무렵에는 "노동운동을 할 것이냐 말 것이냐"로 바뀌었다. 당시에는 대학 졸업 대신 노동운동을 선택하는 이들이 적지 않았다. 열악한 노동 현장의 여러 문제점이 변화되길 바랐기 때문이다.

그러나 '새로운 세상'에 대해 많은 세미나를 하고 나름 이념을 정리해왔으니 "그 이념의 실천적 귀결"을 증명해야 한다는 강박도 있었다. 겉멋으로 혹은 나 혼자 잘 살자고 하는 활동이 아님을 입증해보여야만 했다. "그렇게 하지 않으면 원칙에 어긋났다고 몰아붙이는" 분위기가 있었던 것도 사실이었다. "현장에 가지 않으면 뭘 하겠다는 것이냐, 너 국회의원 될래?"라는 질문에 "노동 현장으로의 투신"이라는 길은 이미 정해져 있었다.

이념의 과잉, 과도한 헌신

법적으로는 이른바 "족보를 알 수 없는" 사생아였던 이훈구는 대한민국 군인이 될 수 없었다. 이훈구가 청년이던 그때도 그랬고 지금도 마찬가지다. 대학에 계속 남아 있을 이유도 찾지 못했다. 이훈구는 대학 졸업과 군대 대신 노동 현장에서 활동하는 삶을 택했다. 같은 선택을 한 이들 중 남자는 용접을, 여자는 봉재를 배우고 세미나를 하며 이른바 위장 취업을 준비했다. 이훈구도 용접을 배워 삼천포 화력발전소, 대우조선 등에서 일했다. 그러던 중 사료 차와 콘크리트 믹서 차량 등 특수 대형 차량을 생산하는 회사에서 같은 학생 출신 노동자처럼 보이는 사람들을 만났다.

"비정규직으로 취직해 현장에 갔는데, '저거(저 사람) 학출이네!' 느낌 오는 사람이 딱 보였어요. 학생운동 출신 활동가 두 명이 그 회사에 있었던 거죠. 그런데 나도 신상을 가짜로 만들었으니 행여 들킬까 조용히 하고 있었죠. 직원이 150명, 200명 정도 되는 회사였는데 유독 그 두 명이 딱 눈에 보여요. (웃음) 그래서 이리저리 선을 대서 이 친구가 어떤 친구냐 물어봤더니 연대 78학번이랑 연대 80학번이래요. 셋이서 만났죠."

당시에는 정해진 시간보다 일찍 출근해서 '공짜 노동'을 시키고 임금에 반영하지 않는 부불노동이 만연했다. 세 사람은 부불노동 문제를 터뜨려 공감하는 현장 노동자들을 조직해보기로 했다. 목표는 노동조합을 만드는 것이었다. 많은 사람들이 함께 했고 부불노동투쟁 결과로 노동자들은 회사로부터 약 500만 원씩 미지급 임금을 받았다. 그러나 부당한 대우를 개선하려는 시도가 노동조합 설립으로 이어지지 않았다. 두 명의 학생 출신 활동가들은 위장취업 사실이 드러나 회사를 그만둬야 했다. '학번이 있기는 하지만 졸업은 하지 않았고 군대를 안 갔다 오기는 했지만 위장이라 하기 애매한' 이훈구도 그 회사를 조금 더 다니다가 그만뒀다.

"당시에 활동하던 사람들은 부불노동 싸움처럼 현안 문제를 이슈화해서 노동조합을 만들려고 애를 많이 썼죠. 그러다 제대로 안 돼서 찌그러지고… 이런 걸 수도 없이 반복했어요. 87년 대투쟁 물결을 타면서 노동조합이 많이 만들어졌다고 알려졌잖아요, 그런데 노동조합이 결성조차 안 되는 사업장, 힘든 활동가들이 훨씬 많았어요."

노동조합을 만드는 것도 어려웠지만 노동조합을 만들어도 현실은 이론과 달랐다. 활동가들은 자본주의의 구조적 모순에 맞서는 노동조합을 만들고 싶었지만 현실의 노동자에게는 밀린 임금을 받아주는 노동조합이 더 간절했다. 밀린 임금을 돌려받는 싸움은 정당했지만 밀린 임금만 받아주자고 노동조합을 할 수는 없는 노릇이었다. 이런 인식은 이훈구가 "임금 노동자의 이해타산"에 주로 초점을 맞추는 노동조합에 대해 부정적 입장을 갖게 된 단초가 되었다.

현실과 이상의 간극이 존재하는 채로 학출 활동가들의 수도 늘어났다. 이훈구는 퇴근 후 이들을 만나 1:1로 상담도 하고 세미나도 진행했다. 처음에는 퇴근 후의 활동이었지만 나중에는 복덕방 간판을 단 비밀 상담소를 차려놓을 정도로 활동가도, 활동가들의 고민도 많아졌다. 당시 활동가들로 하여금 대학 졸업과 안정적인 삶 대신 노동 현장을 택하게 한 힘은 세상을 바꿀 수 있다는 신념과 열정이었다. 그러나 현장에서 마주한 가장 시급한 문제는 사는 것, 일하는 것 자체였고, 이는 결코 녹록치 않았다. 거기다 집안문제, 먹고 사는 문제 등이 겹치면서 힘들어 하는 활동가들도 많았다. 집에서 쫓겨나는 것은 기본이고, 가족과 의절한 사람들이 부지기수였다. 퇴근 후 녹초가 된 채로 허름한 집에서 자다가 연탄가스에 질식사하는 사고가 드물지 않았고, 이들을 위한 영혼결혼식도 심심치 않게 있을 정도였다.

"당시 활동가들에게는 개인적인 좌절도 많았던 거 같아요. 많은 사람들이 신념에 대한 회의를 가지기도 했고, 오히려 피해의식을 가지는 사람도 있었죠. 그게 동료에 대한 미안함으로 작동하기도 하고 그러면서 트라우마가 남기도 하고. 그럼 저는 어땠을까요? (웃음) 난 참 이상한 거 같아. 주변이 그런 상황이면 되게 힘들었을 것 아니에요? 그런데 난 안 그랬어. 그런 힘든 상황들을 '하… 죽을 것 같다. 힘들다.' 이렇게 받아들이는 게 아니라 그냥 '뭐 그런가보다.' 하고 지냈던 것 같아요. 이상하죠. (웃음)"

이훈구는 이를 낙천적인 성격 덕분이 아니라 "현실 생활을 어떻게 유지할지에 대한 고민보다 활동에 대한 이념적 고민이 훨씬 컸기 때문"이라고 했다. 자연스레 생활은 넉넉하지 못했고, 배우자에 대한 경제적 의존도가 컸다. 결혼 초기에는 집에 들어갈 때 다음날 나올 차비를 챙겨서 집에 가야 할 정도였지만 경제적 상태에 대한 고민은 거의 없었다.

"지금 생각하면, 후유증인 거 같아요. 이념의 과잉. 이념 자체를 너무 절대시했기 때문에 나머지를 다 등한시했죠. 세상을 바꾼다 어쩐다 말을 하면서 정작 (노동 운동에) 헌신하지 못하는 것에 대한 반감도 있었던 거 같고… '이런 지향을 가지고 헌신해야 하는데 넌 뭐냐'고 생각하면서 타인에 대한 대상화도 심했어요. 다른 삶을 다 팽개치더라도 오직 노동 운동에 대한 헌신, 그런 헌신을 절대화하고 그랬던 것 같아요."

이훈구는 "현장을 주목해야 한다"고 끊임없이 강조해왔다. 그러나 정작 자신은 현실의 삶이나 주변관계에 주목하지 않고 살아왔음을 최근에야 비로소 알아차렸다. 그는 자신이 감정에 무심하고 현실에서 비켜 서 있었던 이유를 운동에 대한 신념에서 찾았다. 그것을 가장 중요한 것이라 여겼기에 다른 가치를 고려할 여지가 없었다는 것이다. 그런데 지금 와서 보니 그러한 태도가 헌신일 수도 강박일 수도 혹은 그 사이 어디쯤 일수도 있겠다고 고백한다. 어쩌면 어머니 뱃속에서부터 겪었던 우여곡절로 인해 '웬만한 건' 모른 척하도록 감정이 작동하는 것 아닌가 하는 농담 아닌 농담도 뒤를 이었다.

당위와 헌신에서, 흥과 재미로

1989년 무렵 현장 활동을 하던 활동가 5, 60명이 모여 이른바 113문건을 만들었다. 점차 많아지는 현장 활동가들의 이론적 기반을 만들어야 한다는 인식의 결과물이었는데, "프롤레타리아 계급이 혁명의 주체이며 제국주의와 자본주의에 반대하는 입장을 견지해야 한다"는 내용을 담고 있었다. 당시 이를 접한 활동가들은 현장 노동자들을 대상으로 이론을 설명하는 교육 자료를 내야 한다는 이론파와 현장 활동에 집중해야 한다는 현장파로 나뉘어졌고, 많은 논쟁이 이어졌다. "현장과 이론이 분리될 문제가 아니었음에도" 당시에는 지도부를 누가 맡을 것인가 등의 쟁점이 더해지면서 "예민하고 치열한 다툼"으로 번졌다. 논쟁 과정에서 이훈구가 속한 이론파는 소수가 되었고, 많은 활동가들이 운동을 그만두거나 다른 영역의 활동을 모색하거나 생업에 전념하는 선택을 했다.

이훈구도 당시 활동을 정리할 겸 전철역에서 스낵코너를 운영하기 시작했다. 이때가 현장 활동을 시작한 지 5, 6년 되던 해였다. 1990년부터 1991년까지 임차인으로 스낵코너를 운영하면서 1년에 3천만 원 정도를 모았지만 오래가지 못했다. 1년 정도 지나면서 이훈구는 생계활동만 하며 살아가는 스스로의 모습이 무기력하다고 느껴 견딜 수 없었다. "이러다 죽을지도 모른다, 나는 활동을 계속 해야겠다"고 아내에게 선언한 후, 당시 노동운동이 활발하던 마산창원지역으로 내려갔다.

하지만 이훈구의 마산창원지역 생활은 6개월도 가지 못했다. 떨어져서도 삐삐로 연락하며 각별하게 지냈던 아내 때문이 아니라 안기부 때문이었다.

"자취방에서 나와 화장실을 갔다가 나오는데 안기부 애들이 확 덮쳐서 양쪽에서 팔짱을 껴서 차로 데려 갔어요. 뒷자리에 앉혀놓고는 '넌 죽었다, 이 자식아, 너 때문에 7시간 내려왔어' 하면서 협박하더군요. 홍제동 물맛이 어떻다는 둥 '탁 하니 죽었다'는 둥 하면서 영남지역 (활동가를) 불라고 했어요. 괜히 지역 활동가들에게 똥물이 튀면 안 된다 싶었어요. 그래서 '아니 알다시피 김밥 팔다가 내려온 지 얼마 안 됐는데 불긴 뭘 불어요, 아실 만한 분들이 왜들 이래요?' 하고는 곧장 정리하고 올라왔죠."

다른 활동을 모색해야 했다. 마침 서울에서 '전국노동조합협의회(이하 전노협)' 해산에 따른 백서 발간 작업이 시작되고 있었다. 이훈구가 '전노협' 백서 발간작업에 자진해서 참여한 이유는 노동조합 운동에 호의적이기 때문은 아니었다. 대한민국의 노동운동 역사를 생각하면 '전노협'에 대한 입장과 별개로 그 역사를 기록하는 작업은 중요했다. 이훈구는 여태 그래왔듯 "필요하다고 판단했기에" 참여했다. 낱장으로 된 회의 자료를 정리하는 일부터 시작해서 자료를 찾아 분류하고 정리하는 등 엄청난 분량의 일을 반복했다. 이 무렵 틈틈이 '한국노동이론정책연구소'의 세미나에도 참가했다. 당시 신자유주의에 대해 공부한 걸로 기억한다.

새로운 활동을 고민하던 이훈구에게 이전에 현장 활동을 함께 했던 이들의 연락이 닿았다. '노동자의 힘' 활동을 함께 하자는 제안이었고, 이훈구는 1999년부터 2003년까지 '노동자의 힘'에서 상임활동을 했다. 상임활동이 무급이었기에 아내가 논술 과외를 하고 학원 강사도 하면서 경제생활을 도맡아야 했다.

그러던 중 조직 내 성폭력 사건이 발생했다. 구성원들은 세미나도 하고 사례 검토도 하고 조사도 하면서 치열한 논의를 벌였고, 문제를 해결하기 위한 의결기구인 대책위원회도 만들었다. 이훈구는 구성원들이 충분히 논의하고 대책위원회의 결정을 따라야 한다는 입장이었다. 그런데 당시 '조속한 결정'을 요구하는 이들에 의해 조직 지도부는 대책위원회와 별개로 '공식적 입장'을 발표했다. 이훈구는 "간부들 몇 명이 아니라 구성원들에 의해 조직이 만들어지는 것이므로" 구성원 간 논의 과정이 충분히 반영되어야 한다고 생각했다. 또 대책위원회를 공식 의결기구로 만든 상황에서 대책위의 논의 절차가 등한시되는 것을 용납할 수 없었다. '운영 원칙'을 지키지 않는 조직에서 활동할 수 없었다. 결국 의사결정 과정에 대한 이견으로 '노동자의 힘'을 탈퇴하였다.

"살면서 애정표현, 개인적 관심, 감정 이런 것들을 스스로 누르고 살았던 것 같아요. 아마 사치라고 생각하면서 운동에 대한 신념이나 이성적 가치 같은 것으로 (감정을) 눌러왔던 게 아닐까 싶어요. 애초부터 그러진 않았을 텐데 살면서 무심해져 온 것 같아요. 그런데 성폭력 사건을 계기로 자기결정권에 대한 공부를 하면서 감정이나 감성이라는 것도 실체가 있구나 생각했고, 등한시하면 안 된다고 느꼈던 거죠. 원칙이나 신념으로만 사람이 움직이는 게 아니고 감정이라는 게 작동하는구나, 스스로의 행동을 결정하는데 감성과 감정이 중요하게 작동하는구나 생각했어요. '노동자의 힘'을 탈퇴할 무렵 그런 자각이 들었고, 그 뒤로는 감성, 감정, 이런 걸 조금 더 주목해서 보려고 애쓴 거 같아요."

이훈구는 스스로 청년 시기를 '이념의 과잉' 상태라 칭할 만큼 당위와 헌신으로 살아왔다. 필요하거나 중요한 일이라는 판단을 내리면 마땅히 그 일을 했다. "원칙과 신념으로만 사람이 움직이지 않는다."는 명제는 누군가에게는 우스울 만큼 당연한 것일지라도 당시 이훈구에게는 큰 깨달음이었다. 그러나 지금의 그는 과거와 달리 신념과 헌신보다 스스로가 흥이 나고 재미있는 것이 더 중요하다고 믿는다. 재미란 말초적인 재미를 뜻하는 것이 아니라 자기 의지를 중심으로 하고 싶은 것을 스스로 결정하고 그것이 자아실현으로 이어지는 재미를 의미한다고 덧붙였다.

현장성과 당사자에 대한 자각

이훈구는 스스로를 안전보건활동에 무심했던 사람이라 기억한다.

"현장 활동 당시 안전보건에 대해서 제 인식이 거의 제로 상태였다고 봐야 할 것 같아요. 당시에는 안전보건 관련법 이런 거는 관심이 없었고 알지도 못했고 그저 노동조합법, 근로기준법 정도에 관심이 있었죠."

그러던 이훈구가 노동안전보건 활동에 관심을 갖기 시작한 것은 1999년 무렵이다. '노동자의 힘' 상임활동을 하던 당시, 근골격계질환으로 산재 판정을 받고 요양 중이던 이상관 씨가 스스로 목숨을 끊었다. 이전까지 노동안전보건운동에서 중요한 것은 업무 관련성을 입증해서 산업재해 판정을 받고 그로 인한 충분한 보상을 받게끔 하는 것이었다. 그러나 이상관 씨의 죽음을 계기로 업무 관련성이 있는 근골격계질환이 직접적인 원인이 되지 않더라도 그것이 스트레스로 작용하여 노동자 건강에 악영향을 미칠 수 있다는 공감대가 만들어졌다. 당시 '이상관 투쟁'은 이상관 개인이 산재로 인정되는지 여부를 넘어 법제도 개선 투쟁까지 포괄하는 의미가 있었고, 이 때문에 노동안전보건영역뿐 아니라 노동운동

진영에서도 '이상관 투쟁'은 중요했다.

한편 당시는 IMF 외환위기를 빌미로 신자유주의 구조조정으로 인한 노동시장 유연화가 한창이었다. 노동자들은 해고되었고, 해고를 면한 이들은 이전보다 노동 강도가 강화되어 살아도 사는 게 아닌 채 살아남았다. 고용과 임금이 더 중요하게 여겨졌기에 노동 조건은 단체협약에 명시되어 있다 하더라도 유명무실했다. 일하는 사람들은 고달팠고 노동 과정이 자본 이윤을 창출하는 과정인 동시에 노동자의 몸이 망가지는 과정이라는 문제의식이 커졌다. 이런 분위기에서 노동자 건강권을 지키는 운동을 벌여야 한다는 움직임이 생겼다.

당시 이훈구는 두 가지 고민을 가지고 있었다. 첫 번째는 '구체성의 부족'이었다. 그에게는 이론적 지향과 담론이 있었고 이는 활동의 굳건한 토대가 되어 왔다. 그러나 현장 활동과 상담소 생활을 하면서 접한 현장의 문제와 삶의 문제는 거시적인 담론만으로 풀 수 없었다. 현실의 문제를 풀기 위해서는 추상적인 것이 아니라 구체적인 내용이 절실하게 필요했다.

두 번째는 "우리가 얘기하는 가치는 충분히 의미 있고 옳은데 왜 잘 실현되지 않을까" 하는 고민이었다. 당시 운동진영의 주장은 늘 옳았다. 그러나 옳은 주장만으로 세상이 바뀌거나 현실의 문제가 해결되지 않았다. 대신 결과가 만족스럽지 않을지라도 자신의 문제라고 자각한 사람들이 함께할 때 비로소 변화가 생기는 것을 경험해왔다. 이훈구는 "그 가치를 실현하고자 하는 당사자"에서 답을 찾았다.

'이상관 투쟁'을 계기로 노동운동 활동가들과 안전보건운동 활동가들 간의 접점이 생겼다. 동시에 의료인이나 학자가 중심이었던 기존의 관행에 대한 문제제기도 이어졌다. 일하는 현장은 일하는 당사자가 가장 잘 알 수밖에 없으며, 그 당사자 스스로가 전문가이다. 그런데 이전의 노동안전보건의 영역은 마치 특수한 영역인 양 여겨져 "소위 전문가라는 외부의 사람들이 일하는 노동자보다 더 전문가인 것처럼 인식해서 일하는 당사자들의 문제를 '대리', '대행'하는 구도가 보편화"되어 있었다. 그러나 '한노보연'은 '대행 구도'를 반대했고, 이훈구의 입장도 같았다.

이른바 안전보건운동의 새판짜기 움직임이 시작된 것이었다. 이 흐름을 타고 '민중의료연합(이하 민의련)의 일부였던 '노동자건강사업단'은 '현장성'을 강조하면서 '근골격계 직업병 공동연구단'으로 활동을 확장했고 이후 '노동보건연대회의'와 함께 '한국노동안전보건연구소(한노보연)'를 결성했다.

"7, 80년대 운동을 돌아보면서 세상을 바꾸는 '주체를 만드는데 실패한 거 아닌가.' 하는 고민이 있었어요. 정당조직이건 정치세력이건 표방하는 선의의 가치나 지향이 되게 유의미한 내용인데, 왜 이게 실현이 안 될까 고민했어요. 어쩌면 그동안 '내가 대신 바꿔줄 테니 나를 지지해달라'거나 '우리말이 맞으니 우리에게 힘을 주면 바꿔줄게'라는 대행구조가 만연해있었던 것 아닌가 반성했어요. 세상을 바꾸려는 사람들, 바뀐 세상을 살려는 사람들, 세상을 바꾸는 과정에 대한 고민과 의지가 있는 사람들, 결국 주체. 그들이 가장 중요하지 않을까 하는 결론까지 온 거죠."

노동현장을 바꾸는 주체를 형성하고 노동과 자본의 대립이 일상화된 노동과정에 주목하는 것이 노동자 건강운동에서 중요하다고 생각했다.

이훈구가 초대 소장을 맡았던 한국노동안전보건연구소 창립식 장면.

또한 거시담론이 아니라 현실의 일상에서 일하고 있는 사람, 그 사람이 안전보건의 당사자일 수밖에 없다고 확신했다. '한노보연'의 창립과 함께 떠오른 '노동과정'과 '현장성'이라는 키워드는 이훈구의 활동에서 분기점이 되었다.

새로운 노동안전보건운동의 출발

2003년 158명의 발기인이 나서고 그 중 60여 명이 '한노보연'의 창립회원이 되었다. 창립 회원은 보건의료인과 노동조합 활동가, 직업 활동가 등 크게 세 그룹으로 구분할 수 있었다. 건강 문제를 다루는 보건의료 전문직뿐 아니라 풀무원, 대우조선, 두원정공 같은 사업장의 노동자들이 회원으로 참여했고, 이훈구와 같이 운동을 직업으로 하는 사람들도 함께 했다. '한노보연' 회원들은 노동자들이 개인의 삶을 포기하지 않으면서 건강하게 일할 수 있도록 노동 환경과 노동 조건을 재구성해야 한다고 의견을 모았다. 회사(자본)는 노동자들의 요구나 필요를 반영하지 않고 일방적으로 노동 환경과 노동 조건을 강요하기 때문이다. 자연스레 노동안전보건 영역에서 포괄하고자 하는 범위가 넓어졌다.

'한노보연'은 기존의 노동안전보건운동 단체들과 구분되는 몇 가지 특징이 있었다. 첫 번째는 '현장 노동자 중심'을 추구한다. 기존에 노동안전보건 영역에서 활동하는 이들은 주로 보건의료인이었다. 산업재해를 판정하기 위해서는 업무관련성을 입증해야 했기에 보건의료인의 기여가 컸다. 그러나 '한노보연'은 보건의료인과 학자의 역할을 존중하되 노동안전보건운동의 중심세력은 현장 노동자이어야 한다는 입장이었다. 안전하고 건강한 일터는 이따금씩 개입하는 외부의 전문가가 아니라 일상적으로 생활하는 노동자들이 만들기 때문이다. 이런 관점은 한노보연의 연구조사 실행 시 노동자 실천단을 만들어 연구진과 역할을 나누는 방식으로 적용되었다. 두 번째는 '현장 노동자 중심'을 지향한다. 산업재해에 대한 인식마저 부족하던 때가 있었다. 그때는 최소한의 법과 제도라도 마련하는 것이 중요했고, 이를 보완해나가는 작업은 지금도 중요하다. 하지만 '한노보연'은 법과 제도의 개선을 위해 활동하기보다 현장에서 실제 노동하는 사람들이 현실을 바꾸도록 돕는 활동을 했다. 회원들 중에는 제도권 안에서 법과 제도를 바꾸려는 기존의 활동은 운동이 아니라는 입장을 가진 이도 있었다. 이런 견해는 기존 단체들과 대립각을 세워 격렬하게 토론하게 하는 불씨가 되었다.

"저희가 조례나 법제도 개선 이런 걸 부정하진 않았어요. 다만 순서가 달랐어요. 때로는 국회의원들을 중심으로 작업해서 제도가 바뀐 게 오히려 현장에 독이 되기도 하거든요. 저희는 전문가보다 현장 조직과 현장 노동자가 중심이 되어야 한다고 강조했어요. 정책보다 현장 실천을 강조했고요. 노동안전보건 분야에서 어떤 주제가 뉴스에 나오고 쟁점이 되고 있다는 것보다 현장의 주체들이 자기 현장에서 나온 자기 문제를 가지고 행동을 했냐 아니냐가 중요하다는 입장이었어요."

'한노보연'이 기존의 노동안전보건 단체와 구별되는 점은 산업재해 사건을 대하는 태도에도 있었다. 기존의 노동안전보건 활동이라 하면 산재 승인과 보상이 중심인데 반해 '한노보연'은 산재 상담을 오히려 기피했다.

"일부러 '우리는 산재 인정과 보상 관련 활동을 안 한다' 이렇게 명시하진 않았어요(웃음). 그런데 우리는 결과로 나타난 산재 인정이나 보상보다 노동 강도, 노동 조건 같은 노동 과정을 훨씬 중시했어요. 그렇지만 산재 관련 활동을 하지 않을 수는 없으니 (산재 사고에 대한 문의가 있으면) 다른 상담소나 단체를 소개해주곤 했죠."

산업재해는 노동 강도와 노동 조건 전반에서 누적된 위험이 드러난 결과이다. 그러나 산업재해 인정과 보상 활동에 집중하면 "이미 발생한 거고, 이거라도 제대로 해야지" 하는 인식 때문에 노동 강도, 노동 조건 전반으로 관심을 확장하기 어려웠다. 또한 기존의 다양한 산업재해가 해당 사건 당사자의 문제로만 치부되고, 원인을 찾아 개선하려는 노력으로 이어지지 않는 경향도 산재에 대한 이훈구와 '한노보연'의 활동이 산재보상에 대해 주력하지 않는데 기여했다.

산업재해를 제대로 해결하려면 발생한 개별 산재 이전에 그 결과를 초래한 노동조건에 대한 이해가 우선적으로 이루어져야 했다. 따라서 많은 단체가 산재 인정과 피해 보상, 재발 방지를 주장할 때 '한노보연'은 심야노동 철폐, 휴게시간 확대, 작업 중지권 복원 등을 먼저 주장하게 되었다.

또 기존 노동안전보건 활동과 달리 '한노보연'은 철저하게 '현장성'을 강조했다. '한노보연' 연구 활동의 결과물은 보고서가 아니었다. 대신 노동자들이 스스로 자신의 문제를 발견하고 변화하려는 시도를 하게끔 도와주는 역할을 자청했다. 현장의 문제를 진단하고 바꾸는데 외부 전문가가 도움을 줄 수 있으나 실제 변화는 노동자의 몫임을 분명히 했다.

"산재로 근골격계질환이 생겼다면 중량물을 작업한다든지 반복 작업을 한다든지 하는 골병 요인들이 분명히 있거든요. 그게 증거잖아요? 그럼 그 증거로 원인을 찾고 개선하는 작업을 해야 하는데, 원인은 다 현장에 있어요. 현장은 누가 제일 잘 알죠? 현장 노동자가 제일 잘 알아요. 그런데 소위 전문가가 있는 단체들이 가서 그 과정을 해주곤 하죠. 분석해주고 '이렇습니다.' 하고 답을 주고 보고서를 내주고 나와요. 그리곤 돈을 받죠. 여기서 연구소('한노보연')가 주목한 건, '원인은 현장에 있다. 현장 노동자가 현장을 제일 잘 안다'는 지점이었어요. 연구소가 보고서에 개선 방향을 쓸 순 있어요. 이렇게 개선하시오, 원인이 이거니깐 이걸 바꾸시오, 이렇게 단체협약 요구안까지 만들어 줄 수도 있어요. 그런데 진짜 문제 해결을 위해서는 그 걸로 끝이 아니란 거죠. 돈 받고 연구해주고, 보고서 내주는 게 아니고 조사과정 전체가 자기 노동을 볼 수 있게 하는 과정이 되어야 한다고 생각했어요. 또 현장에 사람을 남기는 과정을 염두에 뒀어요. 연구 사업이 끝나더라도 노동자들이 스스로 개선의 주체로 남아 있어야 하잖아요. 그래서 보고서에도 딱 결과만 담지 않고 과정 전반을 다 담으려고 노력했고 그게 연구소가 추구해온 '참여행동연구'예요."

'한노보연'은 연구 사업이 당사자 투쟁으로 이어져 집단저항이 되도록 애썼다. 물론 늘 의도한 대로 되지는 않았다. 현장을 바꿀 수 있는 노동자의 힘에 대한 판단이 미흡한 경우 조직에 심각한 타격을 주기도 하였다.

'현장성'과 '주체'에 대한 고민은 '한노보연' 운영으로도 이어졌다. '한노보연'은 회원들이 각자 한 가지의 일에 참여하는 '1인 1과제 실현'이라는 목표를 세웠다. 회원들의 직업과 관심이 다양하지만 회원들 모두 구체적인 역할을 가져야 살아있는 조직이 된다는 이훈구의 생각은 변함이 없다. '구성원들이 스스로 직접 참여하는' 방식은 연구소의 용역 사업에서도 연구소 운영에서도 중요한 가치로 자리매김하고 있다.

"'일터'를 만드는데 선전위원을 한다든지, 현장 활동을 같이 한다든지, 근골격계 매뉴얼을 개발하는데 뭘 한다든지, 시간센터 팀 활동을 한다든지, 안전보건센터 팀 활동을 한다든지… 구체적인 역할을 해야 한다는 거죠. 연구소('한노보연')를 위해서도 그렇고, 회원 자신을 위해서도 그렇고. 그래야 연구소도 활력이 생기고."

기존의 노동안전보건활동과 달리 한노보연은 노동안전보건의 영역에만 매몰되지 않으려 애썼고, 그렇기에 초기에는 개별 산재 인정과 보상 관련 활동을 거의 하지 않았다. 그러나 '이상관 투쟁'과 '하이텍RCD코리아 투쟁'은 달랐다. [박세민 편 참조]

두 사건 모두 쟁점은 업무로 인한 건강 영향이 어디까지인지였다. 이상관 투쟁은 업무로 인한 근골격계질환이 자살까지, 하이텍RCD코리아는 해고와 노조탄압이 정신건강을 야기하는 현실에서 업무와 건강의 연관성은 사회적 합의로 정해진다고 생각했다. 이훈구에게 이상관 투쟁은 꼭 이겨야만 했던 싸움이었다. 그러나 결과적으로 투쟁 목표를 온전히 쟁취하지는 못 했다. 이를 두고 이훈구는 사회적 합의를 이끌어 낼 만큼의 힘이 부족했기 때문이라 평가했다. 사회적 합의를 이끌어 내기 위해서는 영역의 확장이 필요했다. 이 싸움은 노동안전보건운동을 잘 하기 위해서는 일하는 공간만이 아니라 일하지 않는 공간까지 염두에 두어야 한다고 자각하는 계기가 되었다. 이상관 투쟁이 사회가 책임져야 할 산재의 영역을 확장하는 의미의 싸움이었다면, 하이텍RCD코리아는 그때까지 근골격계에 집중되던 산재를 정신질환까지 확장하는 투쟁이었다. 이훈구는 하이텍RCD코리아 투쟁을 하며 45일간 단식을 했다. 결국 하이텍 사건은 아직까지 해결되지 못한 채 지속되고 있다.

"이때 저도 근로복지공단 앞에서 45일간 단식했었어요. 그때 일인 단식, 릴레이 단식, 100인 단식, 500인 단식 이런 걸 했었어요. 사실 그렇게 다양한 방식으로 여러 사람들이 참여했기 때문에 투쟁이 가능했던 거 같아요. 실제로 한 사람의 힘과 결의만이 아니라, 더 많은 사람들하고 함께 해서 기운을 서로 북돋았던 거죠."

'3무 원칙'으로 주간 연속 2교대제 달성

이훈구에게 두원정공 지회와 함께한 노동 강도 평가 사업은 각별하다. 첫 만남은 2000년대 초반 구조조정으로 조합원 절반 가량이 해고되던 시점으로 거슬러 올라간다. 두원정공은 기계식 연료분사장치를 생산하는 회사로 현대자동차는 기계식 연료분사장치의 80%를 두원정공에서 제공받고 있었다. 2000년대 초반까지는 물량이 많아 잔업과 특근을 할 정도였는데 이후 물량이 현저히 감소하였다. 특히 IMF 이후 당기순이익이 급격히 감소하자 회사가 구조조정을 시도하여 노동자는 임금동결과 상여금 반납, 2001년 말까지 총 40%에 이르는 인원을 정리하는 안을 받아들이게 되었다. 이러한 상황에서 노동조합 집행부는 한국노총을 탈퇴하고 민주노총에 가입하여 일방적인 구조조정에 맞서고 있었다. 현장 노동자 조직이 관건이라 여긴 노동조합과 노동안전보건 활동을 통해 일하는 사람 스스로가 권력을 가질 수 있다고 생각한 이훈구, 이 둘의 만남은 자연스러웠다. 이들은 교육부터 시작했다.

"맨 처음 두원정공 사업 시작할 때 교육을 스무 번쯤 했던 것 같아요. 똑같은 걸 똑같은 사람들한테. 노동 강도, 근골격계 이야기인데, 이렇게 하고, 저렇게 하고 방법을 바꿔가며 진행했어요. 교육형식도 이론 하고 사례 하고 이렇게 교육을 계속했어요. 저 분들(두원정공 조합원들)도 머리가 아팠을 거예요. 그래서 나중에는 거의 외우지 않았을까요? (웃음)"

'두원정공' 심야노동 철폐 문제를 다룬 〈일터〉 2014년 2월호 표지.

학습을 통해 노동자 스스로 자신의 노동 과정을 살펴보게 한 다음 그는 노동자들을 설득하기 시작했다. "몰아서 일하지 말고 노동강도를 펼쳐야 한다, 일하는 동안 피로 누적을 줄여야 한다, 그래야 회복도 빠르다."를 입에 달고 다녔다. 두원정공에서도 노조 대의원을 중심으로 한 실천단은 현장 노동자와 연구진 간 의사소통 통로였다. 실천단과 연구진은 같이 현장을 돌며 실태조사도 하고 토론도 했다. 두원정공 노조 집행부도 적극적이었다. 현장 활동가들 사이에서 "책임도 못 지고 투쟁적이다."던 소문의 주인공 이훈구는 어느새 격의 없는 형님 동생 하는 사이가 됐다.

"이제 조합원들도 저희를 다 알아요. 십여 년 동안, 싸움나면 맨날 내려가고 일상적으로 교육하고 지내거든요. 연구 사업에서 조합원 면접을 다 하니까 얼굴도 거의 알죠. 이제는 조합원들이 파업하면 특별한 프로그램 없이도 그냥 가요. 가서 같이 밥 먹고 얘기해요. 뭐 투쟁이 어쩌고 이런 얘길 하는 게 아니고 그냥 같이 놀아요. 조합원들이 '오셨어요? 쉬어야 되는데 시간 내서 오시고 고생이 많으세요.' 하면, 저는 '고생은 뭐, 놀러왔어' 하면서 지내는 사이가 된 거죠."

두원정공 지회와의 사업 과정은 스스로 살아서 움직이는 것 같았다. '한노보연'은 노동 안전 보건 활동이란 명목으로 노동자 자신의 삶을 들여다보는 계기를 만들었다. 노동자들은 어느새 연구진이나 노동조합이 "지침을 내리지 않아도" 스스로의 문제에 적극적으로 나섰다.

"사장이 담화문이랍시고 회사 입장을 발표해요. 그러면 이걸 보고 아이디어가 막 올라와요. '우리도 담화문을 내자'고 조합원들이 제안한 거죠. 한 줄짜리 담화문, 한 글자짜리 담화문이 쏟아지는 거예요. '떽' 그런 것도 나오고 그럴듯하게 자기 생각을 쓴 담화문도 만들고. 이런 과정에서 자기 현장, 자기 노동, 사측에 대한 이야기, 자기 이야기들을 쓰는 훈련들을 스스로 하는 거죠."

가령, 노동조합 집행부가 '한 시간 파업'이라는 결정을 하면 한 시간 파업 동안 무엇을 할지 조합원들이 정했다. 얼마나 투쟁할지, 왜 하는지, 어떻게 해야 하는지를 조합원들이 스스로 논의하고 결정했다. 두원정공 지회에서 '투쟁의 주체'는 활동가 일부나 전문가 일부가 아니라 현장에서 일하는 당사자였다.

그러나 두원정공 지회 조합원들과의 논의가 늘 잘 되기만 했던 것은 아니다. 한 번은 산재 신청을 두고 현장에서 논란이 있었다. 조합원들은 IMF 직후부터 2002년까지 "죽을 동 살 동" 일했다. 구조조정으로 인력이 부족한 상황에서 일을 하다 보니 골병이 들지 않은 사람이 없을 정도였다. 특히 근골격계질환이 심각했다. 구조조정으로 노동자 수는 1천여 명에서 6백여 명으로 꾸준히 감소했지만 감축된 인원이 이전과 동일한 물량을 계속 생산하고 있었던 것이다. 사측이 구조 조정하던 시기에는 "아픈 걸 쉬쉬하고 살았고 파스 붙이는 건 기본이고 침 맞고 고양이도 삶아 먹어 보고 별의 별 짓" 다 해본 사람들이었다. 일자리가 없어질까봐 꾹 참고 일을 했던 것이다. 그러던 사람들이 교육과 실천을 거치면서 "아픈 게 내 책임이 아니고 회사 책임"이라는 것을 인식하기 시작했다. 교육과정에서 "맞아, 그렇긴 하지." 하던 인식은 "맞다, 이건 우리 권리다. 제대로 치료받자."로 변해갔고, 수십 명 조합원이 함께 근골격계 집단 산재요양 신청을 내서 산재 승인을 받았다.

그런데 예상치 못한 문제가 터졌다. 근골격계질환 산재 승인을 받은 일부 사람들에 대한 동료들의 시선이었다. 질병이 인정되는 것은 질병 그 자체만이 아니라 평소의 산재 경험자의 작업 태도와 연계된다는 기존의 연구결과와도 일치하였다.

"산재 승인을 받아 요양 나간 사람 면면을 보니 꾀병이 있는 거예요. 현장에서 '저 새끼는 일도 엉터리로 하면서 아프다고 산재 승인을 받아? 골 때리네.' 하는 불신이 퍼졌어요. 그럴 수 있는 일이잖아요. 이걸 어떻게 논의해야 하나 싶었죠. 그러다 '꾀병처럼 보일 수 있는데 실제로는 그렇지 않다.'고 설명했어요. 당사자의 요구를 인정하지 않은 채 꾀병이라 판단해 버리는 '꾀병 이데올로기'가 있는 거 아닌지 설명하며 오해를 푸는 과정이 있었죠."

이훈구는 "별의 별 사람이 다 있기 때문"에 아프다고 주장한 사람 모두가 선한 의도를 가졌다고 믿지 않는다. 다만 의도가 실제로 얼마나 선한지 검증하는 것보다 '아픔'이 우선이라는 것이 이훈구의 접근이었다. 우여곡절을 함께하며 두원정공 투쟁은 "지고 이기고 하는 노동 강도 완화 투쟁"을 넘어서고 있었다.

"이 과정에서 한 사람 한 사람이 되게 중요하다 생각해요. 조합원들이 주체로 서는 거 그게 진짜 중요한 거죠. 그래야 어떤 상황에서 싸움이 되더라도 의연하게 풀 수 있어요. 당장 이기고 지고의 문제가 아니라, 의연하게 맞서서 싸울 수 있다. 뭐 이런 거를 경험하는 단계에 있죠."

두원정공에서는 조합원들을 한 명씩 만나 인터뷰하는 과정이 있었다. 이 과정은 조합원들의 실제 생각을 연구진에게 더 생생하게 반영하도록 했다. 덕분에 연구진이 제시하는 입장은 조합원들에게 낯설지 않았고, 그렇기에 조합원들이 '자기 문제'로 느끼고 참여하게 된 것이라고 이훈구는 평가한다. 이후 여러 번의 근골격계질환에 대한 조사와 개선이 이루어졌고, 노동강도가 주요 원인이라는 인식은 노동자들 사이에 자리 잡게 되었다. 더 나아가 점차 수요가 줄어드는 기계식 연료분사장치가 노동자에게 구조조정의 위협으로 다가오고, 동료가 동료가 아닌 경쟁자로 여기지는 분위기를 개선하기 위해 "물량이 없다면 천천히 쉬면서 일하자"는 구호로 노동조합과 함께 활동을 하였다. 야간이나 새벽에 하는 노동을 없애고, 특근이나 잔업에 기대는 임금체계가 아닌 월급으로 바꾸면 훨씬 더 편안하고 건강한 노동을 하게 될 것이기 때문이다.

2008~2009년 사이에 주간 연속 2교대 연구팀 활동을 통해 마침내 2010년 9월 21일, 두원정공은 심야노동을 없애고 주간 연속 2교대제를

시행하기 시작했다. 조합원의 고용에 대한 불안, 임금에 대한 불만 등이 있었지만 적절한 대응을 통해 이전의 10+10 교대제에서 8+8 교대제로 바꾸고 월급제를 확보했다. '노동 시간 연장 없는', '노동 강도 강화 없는', '임금 삭감 없는' 노동을 통해 노동자의 삶과 건강의 향상도 기대하게 되었다. 두원정공 지회의 사례는 '한노보연'이 창립 당시부터 고집해 온 '참여 행동 연구' 사업의 대표적인 형태이자 이훈구가 주장하는 '노동자가 주체가 되어 진행한' 연구였다. 또한 이후 한국에서 진행된 자동차 산업의 주간 연속 2교대제의 선행 사례로도 주목 받고 있다.

소금꽃이 피도록 날아다녀

이훈구는 가장 기억에 남는 사업으로 2005년 '현대자동차 노동 강도 평가사업'을 꼽았다. 자동차 산업에서 완성차 공장의 업무량과 속도는 모든 부품 생산 공장과 노동자에게 영향을 미친다. 따라서 완성차 공장인 현대자동차 노동 강도를 들여다보는 작업은 중요하고 예민한 문제였다.

먼저 현대자동차 경영 자료를 분석했다. 기업 재무안정성이 증가한 반면 노동자는 더 가난해졌고 더 오래 일하게 되었고 더 늙었다. 임금 총액은 4배 이상 올랐지만 실질임금은 하락했고 장시간 노동과 고령화가 뚜렷하게 보였다. 회사가 말한 '성장 이데올로기'는 허구였다. 이제 회사 성장을 위해 일할 것이 아니라, 스스로 건강하게 일하자고 노동자들을 설득해야 했다. 그렇게 하기 위해서는 "덜 힘들게 일해야 한다"는 구호를 넘어 구체적인 수치가 필요했다. 연구진은 신체측량 기구를 이용하여 심박변화 등 노동자의 체력을 측정했다. 짐작한 대로 과한 노동, 즉 몸에 무리가 가는 노동을 하고 있음을 드러낼 수 있었다.

"조합원들이 '주중에도 주말특근처럼 했으면 좋겠다.'고들 말해요. 특근 때는 (회사가) 돈도 50% 할증해서 더 주고 주중보다 작업량, 작업속도를 낮춰주거든요. 같은 작업량도 주중에는 10명이 했다면 주말은 11명이 해요. 계산해보면 실제로 특근 때 하는 노동이 평소보다 노동 강도를 30% 정도 낮춘 노동이었어요. 앞에서 만든 우리 데이터를 근거로 '노동강도를 지금보다 30% 낮춰야 한다, 그래야 더 안전할 수 있다'는 잠정적 결론을 만들었어요."

당시 안전보건운동에서는 "아프지 않고, 다치지 않고, 죽지 않고" 일하기가 시급한 문제, 익숙한 구호였다. '한노보연'은 "더 안전하게, 더 편하게, 더 쉽게"를 주장하는 이른바 '3더' 운동을 내세웠다. 방어적으로 대처할 것이 아니라 적극적으로 나서야 한다는 입장을 취했다. 이제 새로운 시각을 얼마나 잘 설명하고 설득해서 실제 교섭에 반영하느냐가 관건이었다. 연구진의 접근 방법이 옳다고 해도 당사자인 노동자들이 나서지 않으면 현실화될 리 없었다. 연구진 중 일부가 기획선전 파트를 만들어 사업 과정 전반에 노동자들과 소통하기 위한 장치들을 끼워 넣었다.

"사업 시작 전에 공장에 신문, 소자보, 대자보를 쫙 붙였어요. 진행상황을 담아서 읽게 하고, 직접 참여할 수 있는 조사도 만들었어요. 가령, 조합원들이 직접 '내가 어디가 아프다'는 스티커를 붙이게 하는 거죠. 그러면 이걸 떼어 와서는 '아 이 부서는 뭐가 제일 문제다'를 공유하고 노동자들과 논의하고. 이런 작업을 계속 했죠. 스티커 조사를 하면 분석해서 결과를 노동자들에게 공개적으로 알려줘요. '지난 번 결과는 이렇게 나왔고 이건 이런 의미가 있습니다. 요번 스티커 조사는 이겁니다' 이런 설명들을 했어요. 공장이 크고 일하는 사람 수가 워낙 많으니 일대일로 만날 수는 없잖아요. 대신 노동조합 대의원들로 실천단을 만들어서 연구진과 현장 간 연결고리가 되도록 했죠."

연구진은 노동 강도를 낮추자고 주장하고 사람들을 설득하였다. 주야 10시간 맞교대 대신 야간노동을 없애고 주간 연속 2교대로 바꾸자는 내용도 담았다. 실제 노동자들을 대상으로 조사한 자료에 기반하여 '심야노동 철폐'의 현실화 방안을 내놓은 것이다. 그러나 조합원들의 반응은 기대와 달랐다.

"우리는 자신 있게 내놓았죠. 그런데 조합원들 반응이 영 아닌 거예요(웃음). 동의하는 사람도 있었지만, '미쳤구만'부터 '이게 되겠냐, 가능하냐', '택도 없는 소리', '연구진들이 뭘 아냐' 이런 반응. 대부분 그랬어요."

주야 맞교대 노동은 버거웠다. 그래도 버텨야만 하는 노동자들은 2인 1조가 배치된 작업에서 번갈아 쉬는 꼼수를 찾아냈다. 한 사람이 두 사람 몫을 하는 동안 다른 한 사람은 기계 근처에서 쉴 수 있었다. 한 사람의 '몰아치기'로 다른 사람이 잠시 쉴 수 있었다.

"노동자가 근무시간에 쉬기도 하는 건 사실이죠. 하지만 그 시간을 쉬려고 입이 허옇게 뜰 정도로 등에 소금꽃이 필 정도로 일해요. 생각해보세요. 쭉 돌아가는 컨베이어 벨트 양쪽에서 두 사람이 할 작업을 혼자 하는 거예요. 그럼 이쪽 작업을 쫙 해놓고 반대편으로 넘어가서 또 숨차게 그 작업을 해야 해요. 사람들이 이 노동은 안 보고 '근무 시간 동안 몇 시간 쉰다.' 요거만 보는 거예요. 연구소는 계속 이 부분을 지적했어요. 쉬는 시간이 있는 건 사실이지만 쉬기 위해서 노동을 어떻게 하고 있는지, 이런 몰아치기가 얼마나 몸을 힘들게 하는지. 조합원에게도 현장 활동가들한테도 노동시간과 강도를 조정하는 것이 본질이라고 수도 없이 얘기했어요."

이훈구와 '한노보연'은 노동시간과 노동 강도 문제를 교섭 내용에 포함시켜 회사에 요구하자고 주장했다. 그러나 현장 조합원뿐 아니라 활동가, 노동운동 하는 사람들이 "이 안을 갖고 회사와 교섭하는 걸 부담스러워"했다. 노동 강도를 낮추고 노동시간을 줄이는 것은 옳은 주장이었지만 실현하기 쉽지 않은 문제였다. 그렇기에 교섭 당사자인 노동조합은 더 조심스러웠다. 결국 '현대차 노동 강도 평가 사업'에서 노동 강도는 문제제기 수준에 그쳤다. 이훈구는 현대차의 노·사 간 논의를 통해 노동 강도 저하를 이슈화시키지 못한 점이 못내 아쉬웠다.

'한노보연'의 활동 목표는 노동자들이 스스로 문제를 발견하고 인식하여 해결의 주체가 되도록 돕는 것이었으나 결과는 만족스럽지 못했다. 연구소는 자체 평가 과정을 거쳐 기대에 못 미친 결과에 대한 원인을 두 가지에서 찾았다. 하나는 노동자들의 인식과 현장 상황을 파악하고 접근하는데 미숙했다는 점이다. 사업을 진행하는네 있이 연구소의 익견과 현장의 입장이 달랐고 '옳지만 부담스러운 내용'에 머무를 수밖에 없는 이유였다. 두 번째는 사업 규모에 대한 것이다. 노동자들의 마음을 움직이게 하려면 직접 만나 충분히 설명하고 설득하는 과정이 필요했다. 그러나 당시 조합원이 워낙 많았기에 생략되는 과정이 부득이하게 생겼다. 조합원들을 한 사람씩 만나 인터뷰하고 의견을 나누는 경험을 하였던 '두원정공 노동 강도 평가 사업'에 비추어보면 더욱 아쉬웠다. 큰 작업장에서 조합원들과 어떻게 만나야 하는지에 대한 과제도 남겼다.

노동시간과 임금을 우리가 결정하면 안 되나?

'한노보연'은 2004년 심야노동 폐지를 주장하면서 '3무 원칙'을 제시했다. 노동 강도 강화 없는, 임금 하락 없는, 노동시간 연장 없는, 심야노동 폐지가 필요하다는 내용이다. 2급 발암물질로 간주되는 심야노동은 사회적으로 꼭 필요하지 않다면 없애거나 줄이는 게 바람직하다. 그런데 심야노동을 없애자고 주장하려면 기존 노동 강도, 임금, 노동 시간을 조정할 구상이 필요하다. 여기서 이훈구는 "일하는 사람의 요구에서 출발한 다른 셈법"을 꺼냈다.

"컨베이어 속도에 따라 일하는 게 아니라 내가 내 몸에 맞춰 일해야 해요. 지금은 노동 강도와 속도를 컨베이어 벨트가 정하잖아요. 그 속도에 허덕이며 따라가지 말고 내가 안 망가지는 노동 강도를 내가 결정하고 일해야죠. 그런데 우리나라 사람들은 막 정신없이 해야 뭘 좀 했다고 생각하는 경향이 있잖아요. 그런 눈으로 보면 제가 말하는 건 놀듯이 일하는 수준으로 느껴지겠죠. 그래서 자기 몸 망치며 일하는 사람들도 '쉬엄

쉬엄 하면 나라가 망한다.'고 생각하죠. (웃음) 실제론 안 망하는데, 그렇게들 생각하는 거예요."

피로가 많이 쌓일수록 회복시간이 더 많이 필요하다. 그래서 이훈구는 "5시간 몰아서 일하고 5시간 몰아서 쉬는 것보다 30초 일하고 30초 쉬는 것이 훨씬 좋은 것"이라 주장한다. "30초 일하고 30초 쉬면 30초 동안 쌓일 피로"가 없기 때문이다.

그의 말은 옳지만 '열심히' 일하기를 강요받아온 대부분의 사람들은 낯설어 했다. 또 한편으로는 "그동안 열심히 투쟁해서 노동 강도를 이만큼 낮춰놨는데 뭘 또 낮추느냐"는 반응을 보이기도 했다. 하지만 노동자들이 일을 몰아쳐서 날아다니듯 하는 건 간과하고 오직 근무 중 휴식에 만족하는 것이 현실이었다.

사실 심야노동 폐지 주장에 노동자들이 선뜻 동의하지 않은 건 당장 손에 쥐는 임금 탓이 컸다. 생산직 노동자의 다수가 월급제가 아닌 시간제로 임금을 받는다. 심야노동시간이 없어지면 몸은 덜 힘들어지고 내 삶이 나아질지 모르지만 임금이 적어지는 게 분명했다. 노동자는 노동시간을 줄이는 대신 임금을 그대로 받길 원했다. 기업은 생산량을 줄일 수 없다는 입장을 고수했다.

결국 노동 시간을 줄이되 생산량을 유지하기로 타협했고, 노동자는 강화된 노동 강도로 일하게 되었다. 이훈구는 여기서 한 발 더 나갔다. "피곤하지 않을 만큼의 노동"에 따르는 "필요한 만큼의 임금"이다. 임금을 정하는 것은 한 번도 일하는 사람들의 몫이 아니었기에 낯선 질문이었다.

"임금을 어떻게 정하는 게 적정한지 우리 스스로 고민해 본적이 있나 짚어봐야 해요. 그냥 주니깐 주는 대로 받는 게 아니라 내게 얼마의 임금이 필요한지 말예요. 작업량도 그래요. 일을 하루에 90개 할지 100개 하는 게 적당한지 일하는 사람의 입장이 있어야죠. 지금 통상적으로 하루 8시간 주 40시간을 말하는데 7시간 하면 안 되나? '적정하다'는 걸 고민하고 기준을 만드는 게 필요하다고 생각해요. 그런데 실제 일하는 사람들이 고민하고 참여하기보다 누가 정해놓은, 혹은 이미 하고 있었던 거를 그냥 하는 거죠."

안전보건운동을 하며 이훈구는 일하는 사람으로 하여금 자기 노동을 찬찬히 뜯어보게 했다. 정해진 시간 동안 정해진 양만큼 노동이라는 행위를 하기보다 자기 노동 전반에서 일하는 사람이 주인공이 되는 것을 강조했다. 이 맥락에서 보면 임금, 노동 시간, 업무량 등에서 노동자의 기준이 필요하다는 지적은 타당했다. 그러나 여전히 간단치 않은 문제로 남아있다. '한노보연'은 최근 '노동시간센터'를 만들어 장시간 노동과 과로사의 문제에 천착하며 포럼과 정책 개선 등을 제시하고 있다. 이훈구를 포함한 '한노보연' 구성원들이 심야노동, 교대제, 장시간 노동에 대해 문제 의식을 갖고 해결점을 찾고자 하는 것은 이제까지의 '한노보연'의 현장 속 '시간' 활동과 맞닿아 있기 때문이다.

더 쉽게, 더 가깝게 다가가기

여러 차례 설명한 대로 '한노보연'은 책상에만 앉아서 연구하기보다 노동자들을 직접 만난다. "품이 많이 들고 천천히 가는" 방법이기에 많은 조합원을 만나지는 못한다. 그래서 온, 오프라인을 통한 선전을 중요하게 생각한다. 이훈구는 2008년 '전국금속노동조합(이하 금속노조)'과 함께했던 '건강권 시리즈 소자보 제작 사업'에 직접 참여했다. 목표는 더 쉽고 더 가깝게 내용을 알리는 것이었다.

"노동자들의 일상적 공간에서 사람들 눈높이에 맞춘 내용으로 해보자는 거였죠. A3 용지 크기로 해서 별의 별 걸 다 넣었어요. 산재와 공상부터 시작해서 심야노동 문제, 우리 4대 의제(밤엔 자자, 쉬엄쉬엄 일하자, 작업중지권, 제대로 치료받자)도 있었죠.

그때 현장에서 되게 좋아했었어요. 왜냐면, 중요한 내용이라 알려야 하는데 개별 사업장에서는 실무적인 이유로 못 만들던 상황이었거든요. 그런데 꼭 필요한 내용으로 만들어서 딱 붙일 수 있게 만들어주니 얼마나 좋아요."

만평 작가들과 토론하며 소자보를 만들었다. 기획한 이들은 일주일에 하나씩, 23주간 연속 발간하고 공장 벽에 쭉 연달아 붙는 그림을 그렸다. 그런데 야심차게 준비한 기획선전물은 노동조합 사무실에만 붙거나 노동안전 간부 책상 밑에 쌓여 있었다. 노동조합 사무실 벽에는 붙일 수 있었지만 정작 일하는 현장에는 붙지 못했다. 노동조합 집행부가 공장에 선전물을 붙이면 회사 관리자가 철거하기 일쑤였기 때문이다. 왜 그걸 뜯어 가냐 항의하는 조합원의 목소리는 석었다.

이훈구는 노동조합의 포스터를 떼는 회사도, 이를 항의하지 못하는

2007년 11월 〈일터〉에 실린 만평.

노동조합도 만족스럽지 않다. 하지만 누구를 탓하기보다, 10년이 지난 지금 다시 그 내용을 보강하려 한다. 여전히 현장 복원의 첫걸음은 조합원 교육이기 때문이다. "한노보연의 목표는 조직 해체이고 한노보연이 하는 일은 배워서 남 주는 일"이란 우스갯소리는 농담이 아니다.

'한노보연'은 노동 강도 평가사업 경험을 토대로 2007년에는 『교대제, 무한 이윤을 위한 프로젝트』를 발간했다. 연구소 회원들과 현장 노동자들이 모여 만들었고, 이후 문화관광부가 지정한 우수학술도서로 선정되어 많은 도서관에 배포되기도 했다.

"수면 장애로 산재를 인정받은 노동자를 우연히 만났어요. 기아차 노동자였는데, 수면 장애로 인정받은 건 최초의 사례였어요. 그런데 그 분이 제게 책을 하나 추천해주시겠다며 '온갖 자료를 다 읽었는데 우리(노동자) 시각에서 쓴 가장 훌륭한 책'이라는 거예요. 뭔가 봤더니 우리 책이었어요. 우리가 2007년에 만든 『교대제』 책. (웃음) 그래서 힘 딱 주고 말했죠. '그거 저희가 만들었어요.'"

2015년에는 초판본을 수정 보완한 『좋은 교대제는 없다. 우리가 꼭 알아야 할 교대제 이야기』를 발간했다. 무한 이윤을 위해 교대제라는 노동형태가 나타났고, 교대제에 대한 여러 가이드라인이 있지만 교대제 그 자체가 건강에 나쁜 영향을 주기 때문에 "좋은 교대제는 없다"는 내용을 핵심적으로 싣고 있다.

『좋은 교대제는 없다』 표지.(2015)

노동과 작업장을 넘어 삶의 영역으로

이훈구에게 노동안전보건활동은 일하는 사람들과 공감할 수 있는 '구체적인 스토리'이기에 소중하다. 일하는 사람 모두가 주인공이며 누군가 대신할 수도 없는 점, 그것이 이훈구로 하여금 노동안전보건활동을 지속하게 한다. 남의 문제라면 외면할 수도 있겠지만 자신의 문제라면 내가 외면할 수 없고, 이런 특성이 결국 일하는 사람 스스로가 자기 운동을 하도록 만든다고 믿고 있다. 이 특성을 잘 살리려고, 그는 더 구체적인 질문을 던졌다. 사람들은 여유롭고 행복하게 살기 위해 일한다. 그러나 현실에서는 장시간 노동으로 인해 여유 있는 삶을 살지 못하는 사람이 대부분이다. '일에 치여' 살아가고 있다. 이훈구는 "다 그렇게 사는 거지 뭐"가 아니라 "내가 어떤 노동과정을 겪고 있지? 어떻게 살고 있지?"를 따져 물어야 한다고 힘주어 말한다.

"자기 삶과 노동을 '들여다보기' 해야 해요. 마르크스에 따르면 '주시하고 주목하는 과정'인 거죠. 요즘 유체이탈화법이 유행이잖아요. 유체이탈로는 안돼요. 예를 들어, 자본주의 경제에 문제가 많다고 반자본주의를 외친다고 해요. 그게 구호만으로 되지 않잖아요. 사실은 반자본주의를 제대로 하려면 우리 안에 있는 자본주의를 찾아야 해요. 마치 우리는 자본주의랑 아무 상관없는 것처럼 반자본주의만 외치는 것이 아니라 실제 내 일상 속에서, 내 안에 있는 자본주의를 찾아야 하지 않을까요?"

이훈구는 노동안전보건운동에서도 개별 사업장에서 근로계약을 맺은 개별 노동자를 벗어나 사람으로서의 필요, 내 옆의 동료와 내가 함께 갖고 있는 필요에 주목해야 한다고 생각한다. 내 노동을 보면 같이 일하는 동료가 보이고, 내 삶에서 필요를 찾기 시작하면 함께 사는 공동체가 보인다는 것이다. 자연스레 "나만이 아니라 우리라고 하는 공동체, 더 많은 사람들, 더 열악한 사람들에게 있는 문제들"에 대한 인식을 거론했다.

"예전에는 현장, 노동, 생산, 이런 데 초점을 맞췄어요. 노동자가 자기 삶에 대한 고민을 할 때 노동이 빠져서는 안 되지만, 이걸로 다 되는 건 아닌 거 같아요. 그 사람이 공장 안에서만 존재하는 게 아니잖아요. 노동자로 불리는 그 사람은 누구의 아빠 혹은 엄마이기도 하고 동시에 동네 아저씨, 아줌마잖아요. 그렇게 보기 시작하니 '아, 삶의 범주가 노동에만 있는 게 아니구나, 더 포괄적으로 가야 하는구나' 싶더라구요. 결국 노동안전보건운동도 사회구성원 전체의 존엄으로 관심을 확장하는 게 맞겠죠."

이전에는 "일하다가 다치지 않고 병들지 않고 죽지 않을 권리를 쟁취하자"를 외쳤다면 이제는 권리를 넘어 안전과 존엄에 대한 인식으로 이슈가 옮겨가고 있다. 아마 세월호 참사의 영향일 것이다.

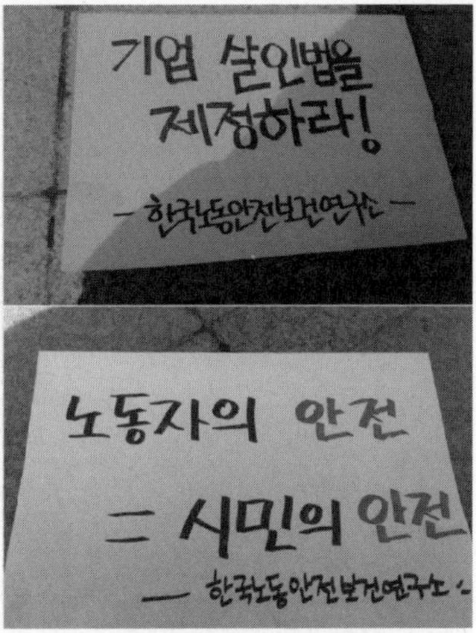

집회에서 회원들이 직접 만든 손피켓.

이런 생각은 작업장을 넘어 지역과 작업장이 만나는 활동의 기반이 되었다. 2010년 '한노보연'은 서울과 부산에 사무실을 운영했다. 연구소는 지역거점을 확대하자고 결정했고, 이훈구가 2010년 지금의 '한노보연' 사무실이 있는 수원으로 이사했다. 이를 계기로 노동안전보건 영역에 있던 이훈구의 활동 반경이 확장되기 시작했다. 이곳에서 새로운 사람들을 만나는 접점은 '수원촛불'이었다.

"수원촛불은 2008년 수원역 햄버거 집 앞에서 아이 업은 여성이 촛불을 든 거, 그게 시작이었어요. 그 계기로 수원에서 시민사회 활동하는 사람들, 노동조합 사람들이 모인 거죠. '촛불'이 실제로 사는 사람들의 권리를, 현실을 드러내는데 역할을 해야겠다는 마음이 모인 거고. 경기민언련, 다산인권센터, 민주노총 수원지부, 환경운동연합, 진보정당 뭐 이런 단체들에서 활동하던 사람들이 촛불을 안 꺼뜨리고 계속 한 거예요."

2008년 무렵 수원시 반값 등록금을 위해 수원역 앞에서 시작한 '수원촛불'

수원촛불을 함께 하면서 이훈구는 같은 지역에 산다는 공통점을 기반으로 각기 다른 입장과 의견을 가진 사람들을 만났다. 환경, 교육, 지역개발, 이주민 문제에 대한 관심은 자연스레 따라왔다. 노동자가 일터에만 존재하는 것이 아니므로 온전히 건강하려면 전체 사회의 건강으로, 모든 사회 구성원의 건강으로 고민을 확장해야 함을 확인하는 과정이기도 했다.

이훈구는 가입할 노동조합조차 없는, 그래서 스스로의 목소리를 드러낼 공간이 없는 노동자들에 대한 고민도 크다. 미조직 노동자라 칭해지는 이들과 소통하고 교류하기 위한 시도는 다양하게 이루어져 왔다. 대부분의 경우에는 기존 조직 노동자들을 중심에 두고 미조직 노동자를 조직하는 방향으로 접근하지만 이훈구의 접근은 조금 다르다.

미조직 노동자들을 기존의 조직된 노동자에게 "갖다 붙인다."는 식의 프레임은 조직 중심의 발상이라고 지적한다. 미조직 노동자를 위한 의제를 만들어 내거나, 실제 아픈 데를 긁거나, 실질적인 필요를 충족시켜주는 방식이 필요하다고 본다. 이훈구는 최근 서울 구로지역 '노래사업단'을 함께하고 있다. 이들의 노동이나 삶을 파악하고 조금 더 자세히 들여다보는 작업을 함께해야 노동자들이 온전히 중심에 설 수 있다고 생각한다. 이런 맥락에서 노동조합이 없는 이들과 연구하고 사업안을 공개모집(외주출판노동자, 산재노동자) 하기도 했다.

"규모가 작거나 조직이 안 되어 있다 하더라도 의지가 있거나 유의미한 의제를 제기하는 건 중요하잖아요. 그런 이들을 대상으로 연구사업 공모를 해본 적이 있어요. 출판 노동자들이 투쟁을 준비하려고 하는데 노동환경을 조사하고 출판노동자의 현실을 보고 싶다고 제안했어요. 그때 그들은 노동조합도 없고 연구소에서 연구비도 냈지만, 그들이 하고 싶은 게 분명했고 우리(연구소)가 의미 있다 생각해서 연구를 같이 하기도 했죠."

빌어먹는 '거지발싸개' 되고 싶어

이훈구는 남들이 보기에 '재미있는 사람' 은 아니다. 그는 맛있는 것을 먹고 멋진 구경을 하고 바둑을 보는 소소한 즐거움을 좋아한다. 그러나 그에게 더 큰 기쁨은 "재미없는" 이론을 공부하고 사람들과 소통하며 "자기를 실현"하는 과정이다. 즉, "사람이 되어가는 과정"이다.

이훈구가 〈한노보연〉 회원들과의 송년회에서 단소를 연주하고 있다.

"이 일은, 잘 됐네, 안 됐네, 이겼네, 졌네, 이런 결과를 따지기보다 일을 도모하고 같이 고민도 얘기하고 또 실제로 시도해보는 과정이 좋죠. 이런 거 할 때 제일 즐거운 거 같아요. 세상의 말로는 이걸 토론 혹은 수다라고 할 수도 있고. 마음 맞는 사람들이랑 기획안 같이 만들어서 해보고 그런 과정이 저는 좋아요. 평가하고 중간에서 점검할 때도 좋아요. 사람들하고 확 이렇게 교감, 공감 같은 거. '탁' 하면 '척' 하고 알아듣고 서로. 뭐 그런 거."

2013년 '한노보연' 10주년 기념 좌담회에서 이훈구는 10년 뒤 모습을 묻는 질문에 "빌어먹을 놈, 거지발싸개 같은 놈"이 되고 싶다 했다. 아내와 결혼 20년 기념으로 따로 살기 시작했을 때 가진 돈이 없던 그에게 지인들은 보증금 2천만 원을 모아줬다. '한노보연' 상임활동을 시작하고 월급 80만 원을 받으며 20만 원을 회비로 내기도 했던 이훈구에게 노후대비란 이렇게 '빌어먹을' 준비이다. 거지발싸개는 남들에게는 하찮게 보이지만 정작 거지에게는 추위와 위험으로부터 자신을 보호하는 중요한 존재다. 타인의 시선에 개의치 않고 누군가에게 아주 간절하고 중요한 문제를 함께하는 사람이고 싶다.

이훈구는 앞으로 사람들이 안 된다고 하는 것들에 도전할 작정이다. 가령, "조직 노동자들은 이미 잃을 것이 많아서 안 된다" 입장에 직접 부딪혀 보려 한다. "정말 그런가?"를 실험해 보고 싶다. 발견하고 소통하여 교감하는 관계, 통하는 관계 맺기가 가장 즐겁다는 사람. 하고픈 일을 말하는 그의 표정에서 설레임이 고스란히 드러난다.

한국노동안전보건연구소

1999년 이른바 '이상관 투쟁'을 거치며 노동안전보건운동 분야에서는 산업안전에서 노동보건으로 시야를 확장해야 한다는 움직임이 있었다. 그 가운데 현장 노동자 스스로 노동안전보건운동의 중심이 되어야 한다고 생각하는 이들이 2002년 '근골격계 직업병 공동연구단(이하 공동연구단)'을 만들었다. '공동연구단'은 기존의 안전보건활동과 달리 산업 재해 발생 이전으로 시야를 확장해야 한다고 주장했다. 왜냐하면 직업병과 산업 재해는 노동 과정의 결과물이기 때문이다. '공동연구단'은 보건의료인이나 학자같은 전문가뿐 아니라 현장 노동자들이 참여하는 노동환경 조사연구 사업을 기획하고 그 결과를 사회 의제로 만들었다. 대표적인 경험으로는 자동차 부품 제조업체인 '두원정공', 식품 제조업체 '풀무원', 완성차 제조업체 '현대자동차' 울산공장에서 진행한 연구 사업이다. 새로운 시도는 확장된 문제의식과 함께 더 많은 사람들을 담을 수 있는 새로운 틀에 대한 요구로 이어졌다. '공동연구단'은 현장 노동자, 노동 운동가, 보건의료인을 회원으로 하여 2003년 10월 24일 '한국노동안전보건연구소(이하 한노보연)'를 설립했다. '한노보연'의 활동 목표는 세 가지로, 첫째, 안전하고 건강한 작업환경 확보, 둘째, 노동에 의한 작업장 통제 실현, 셋째, 민주적이며 계급적인 노동운동의 발전과 노동 해방에 기여이다. '한노보연'은 노동자를 교육하여 스스로의 문제에 대해 관심을 가짐으로서 연대하기를 중요하게 여기고 있다. 이런 방향이 매번 좋은 결과로 이어지진 않지만, 일하는 노동자 스스로 자기 노동 환경과 건강에 대한 인식을 갖게끔 돕는 조력자가 되려 한다. 이런 과정을 거쳐 노동안전보건운동 역량을 강화하고 현장의 문제를 사회화·쟁점화하는 것이 '한노보연'의 역할이라고 본다. 이훈구는 이런 '한노보연'의 초대 소장 직을 맡았고 2017년 현재 상임 활동가로 활동하고 있다.

이훈구 약력

1960년 서울 출생

1979년 아주공과대학교 입학

1982년 현대건설 직업훈련원 용접과 수료

1996년 『전노협 백서』 발간위원회 기획 논의와 집필 참여

1999년 전 〈노동자의 힘〉 (준)상임 활동

2002년 두원정공 노동 강도 평가사업 참여 (2002년, 2004년, 2007년, 2010년)

2003년 '한국노동안전보건연구소' 창립 준비 위원장 및 초대 소장
'노동 강도 강화 저지와 현장투쟁 승리 위한 전국노동자연대' 공동대표
풀무원 춘천공장, 삼호중공업, 철도노조 노동 강도 평가 사업 참여

2004년 현대자동차 울산공장 노동 강도 평가와 대안 마련을 위한 연구 예비조사와 본조사 참여. 로템 의왕 공장, 유성기업 노동 강도 평가 사업 참여

2005년 현대자동차 주간 연속 2교대제를 위한 노동 강도 평가 연구 사업 참여. 금속노조 서울지부 하이텍RCD코리아 지회(현 분회) '집단정신질환 산재 인정 투쟁 공동대책위' 활동(~2010년)

2006년 부산지하철 정신건강 대응 연구 조사 참여

2007년 전국금속노조 노동안전보건 활동 실태조사 참여. 삼성백혈병 직업병으로 쟁점화한 '반올림' 참여(현재까지). 현대자동차 남양연구소 노동자 판매노동자 직무스트레스 연구 조사 참여(~2008). 현대자동차 정비위원회 부산지회 노동 강도 평가 사업 참여. 『교대제, 무한이윤을 위한 프로젝트』 교대제 관련 책자 집필 참여

2008년 『전국금속노조 노동안전보건 활동지침서』 기획 참여

전국금속노조 노동안전보건 기획선전물 23종 공동작업 참여

증권노동자 직무스트레스 연구 조사 참여

2009년 농협노조 여성노동자 건강권 사업 참여

고대병원 노동강도 평가사업 참여

2010년 도시철도 서비스 노동자의 우울 수준에 관한 실태조사 참여

2014년 동희오토사내하청지회 황재민 씨 뇌혈관질환 산재 인정 투쟁 참여

2015년 현 '한국노동안전보건연구소' 상임활동가. 현 '전국금속노조' 노동안전보건 정책단 위원. 현 '전국금속노조' 충남지부 노안위 자문위원. 『좋은 교대제는 없다』 교대제 관련 책자 집필 참여

2015년 전 〈전국금속노조〉 노동안전보건 정책단 위원. 전국금속노조 2016년 근골격계질환 유해요인조사 TFT 참여, 실태조사. 『좋은 교대제는 없다』 교대제 관련 책자 집필 참여

2016년 갑을 오토텍 근골격계 질환 유해요인 조사와 위험성 평가 사업 참여.

대한이연 근골격계 질환 유해요인 조사와 위험성 평가 사업 참여.

코스파 근골격계 질환 유해요인 조사 사업 참여

2017년 한국노동안전보건연구소 상임활동가. 전국금속노조 대충지부 노안위 전문위원. 경기이주공대위와 경기노동정책포럼(준) 참여. 행복한 서산을 꿈꾸는 노동자 모임 참여, 노안활동가 되기 기획교육 진행. 두원정공 근골격계 질환 유해요인조사 사업 참여. 코스파 위험성평가 사업 참여